威海市环翠区基层志编修业务手册

威海市环翠区地方史志研究中心　编

方志出版社
Publishing House of Local Records

图书在版编目（CIP）数据

威海市环翠区基层志编修业务手册 / 威海市环翠区地方史志研究中心编. -- 北京 : 方志出版社，2019.2
ISBN 978-7-5144-3692-1

Ⅰ. ①威… Ⅱ. ①威… Ⅲ. ①地方志—编辑工作—威海—手册 Ⅳ. ①K295.23—62

中国版本图书馆 CIP 数据核字（2019）第 041367 号

威海市环翠区基层志编修业务手册

编　　者：威海市环翠区地方史志研究中心
责任编辑：刘　珊

出 版 人：冀祥德
出 版 者：方志出版社
地址 北京市朝阳区潘家园东里 9 号（国家方志馆 4 层）
邮编 100021
网址 http://www.fzph.org
发　　行：方志出版社图书经销中心
电话（010）67110500
经　　销：各地新华书店
印　　刷：威海红太阳彩印有限公司

开　　本：787×1092　　1/32
印　　张：5
字　　数：103 千字
版　　次：2019 年 2 月第 1 版　2019 年 2 月第 1 次印刷
印　　数：0001 ～ 1000 册

ISBN 978-7-5144-3692-1　　定价：135.00 元

编辑人员

主　编：谷佩贞
副主编：于海龙
编　辑：王志坚

序

“国有史，邑有志，家有谱”。编史修志是我国优秀文化传统，是传承和彰显中华文明、发掘历史智慧的重要文化事业。近几年来，在省委、省政府的坚强领导和中国地方志指导小组的精心指导下，我省修志工作坚定不移地以走在全国前列为目标，紧紧围绕中心、服务大局，抢抓机遇、积极作为，在转型升级、创新发展中实现了新突破，创造了全国瞩目的“山东经验”。与此同时，全省乡镇村志编修也呈现出蓬勃发展的良好局面。

乡镇村志真实记录农耕文明和聚落文化，是地方志书的重要组成部分，是省、市、县三级志书的延伸和补充。以2016年省政府制定出台《关于做好乡镇村志编修工作的意见》为标志，我省乡镇村志编修工作开始走上制度化、规范化轨道，乡镇村志、街道社区志等基层志编修如雨后春笋遍地开、风生水起逐浪高，成为第二轮修志的一大亮点。目前，全省编纂出版乡镇村志1500多部，其中中国名镇志2部、中国名村志3部，齐鲁名镇志4部、齐鲁名村志12部。

威海市环翠区早在7000多年前的新石器时代中后期，就有人类在此生活、活动。明洪武三十一年（1398年），明政府“析文登县辛汪都三里立威海卫”，取“威震海疆”之意，其核心区域便是现在的环翠区。环翠区有着丰富的历史文化底蕴，如：以甲午战争纪念地为载体的爱国文化，以威海卫为载体的卫所文化，以漫长海岸线和胶东民俗为载体的海洋民俗文化等。近年来，威海市环翠区把美丽乡村建设作为乡村振兴的重要载体，坚持规划引领、文化铸魂、突出特色、融合推进，努力发掘每个美丽乡村的人文内涵，打造特色产业、特色环境、特色体验，推动了全区美丽乡村建设不断迈上新台阶。底蕴深厚的历史文化，经济社会的快速发展，为环翠区的基层志编修奠定了坚实基础，也提供了丰富的历史素材。

“学者惟不忘乎乡，而后能及于天下。”山东人尤重桑梓情怀，自古皆然，开明人士历来都把为家乡修志看成义不容辞的责任。环翠区史志办的同仁们在当地党委、政府的大力支持下，秉持“修志问道、直笔著史”的精神，担当作为、辛勤耕耘，不断作出新的探索和奉献。2017年，环翠区的《陶家夼社区志》成功入选中国名村志文化工程，是我省入选的三部名村志之一，同时荣获2017年度全省史志成果奖。“志者，记也”，巨笔如椽，责任重大。修志者不仅要有正确的世界观，还要有科学的方法论，不仅要躬身实践，更要审视打量，及时总结经验。环翠区史志办在成绩面前思进取、求创新，结合史志理论和修志实践，编写了一部基层志编修业务手册，在业务指导的科学化、体系化、规范化方面作出了有益尝试。

站在新时代，踏上新征程，承担新使命，展现新作为。环翠区史志办编写基层志编修业务手册的这一创新举措，必将为全区、全市甚至全省的基层志编修带来积极影响和新的贡献，可喜可贺，可待可期。

是为序。

山东省地方史志办公室副主任
山东省地方志学会会长
2018年8月

目　　录

第一部分　政策法规

地方志工作条例

（2006年5月18日 中华人民共和国国务院令第467号）

第一条 为了继承和发扬中华民族优秀文化传统，全面、客观、系统地编纂地方志，科学、合理地开发利用地方志，发挥地方志在促进经济社会发展中的作用，制定本条例。

第二条 中华人民共和国境内地方志的组织编纂、管理、开发利用工作，适用本条例。

第三条 本条例所称地方志，包括地方志书、地方综合年鉴。

地方志书，是指全面系统地记述本行政区域自然、政治、经济、文化和社会的历史与现状的资料性文献。

地方综合年鉴，是指系统记述本行政区域自然、政治、经济、文化、社会等方面情况的年度资料性文献。

地方志分为：省（自治区、直辖市）编纂的地方志，设区的市（自治州）编纂的地方志，县（自治县、不设区的市、市辖区）编纂的地方志。

第四条 县级以上地方人民政府应当加强对本行政区域地方志工作的领导。地方志工作所需经费列入本级财政预算。

第五条 国家地方志工作指导机构统筹规划、组织协调、督促指导全国地方志工作。

县级以上地方人民政府负责地方志工作的机构主管本行

政区域的地方志工作，履行下列职责：

（一）组织、指导、督促和检查地方志工作；

（二）拟定地方志工作规划和编纂方案；

（三）组织编纂地方志书、地方综合年鉴；

（四）搜集、保存地方志文献和资料，组织整理旧志，推动方志理论研究；

（五）组织开发利用地方志资源。

第六条 编纂地方志应当做到存真求实，确保质量，全面、客观地记述本行政区域自然、政治、经济、文化和社会的历史与现状。

第七条 省、自治区、直辖市人民政府制定本行政区域地方志编纂的总体工作规划（以下简称规划），并报国家地方志工作指导机构备案。

第八条 以县级以上行政区域名称冠名的地方志书、地方综合年鉴，分别由本级人民政府负责地方志工作的机构按照规划组织编纂，其他组织和个人不得编纂。

第九条 编纂地方志应当吸收有关方面的专家、学者参加。地方志编纂人员实行专兼职相结合，专职编纂人员应当具备相应的专业知识。

第十条 地方志书每20年左右编修一次。每一轮地方志书编修工作完成后，负责地方志工作的机构在编纂地方综合年鉴、搜集资料以及向社会提供咨询服务的同时，启动新一轮地方志书的续修工作。

第十一条 县级以上地方人民政府负责地方志工作的机

构可以向机关、社会团体、企业事业单位、其他组织以及个人征集有关地方志资料，有关单位和个人应当提供支持。负责地方志工作的机构可以对有关资料进行查阅、摘抄、复制，但涉及国家秘密、商业秘密和个人隐私以及不符合档案开放条件的除外。

地方志资料所有人或者持有人提供有关资料，可以获得适当报酬。地方志资料所有人或者持有人不得故意提供虚假资料。

第十二条 以县级以上行政区域名称冠名、列入规划的地方志书经审查验收，方可以公开出版。

对地方志书进行审查验收，应当组织有关保密、档案、历史、法律、经济、军事等方面的专家参加，重点审查地方志书的内容是否符合宪法和保密、档案等法律、法规的规定，是否全面、客观地反映本行政区域自然、政治、经济、文化和社会的历史与现状。

对地方志书进行审查验收的主体、程序等由省、自治区、直辖市人民政府规定。

第十三条 以县级以上行政区域名称冠名的地方综合年鉴，经本级人民政府或者其确定的部门批准，方可以公开出版。

第十四条 地方志应当在出版后3个月内报送上级人民政府负责地方志工作的机构备案。

在地方志编纂过程中收集到的文字资料、图表、照片、音像资料、实物等以及形成的地方志文稿，由本级人民政府负责地方志工作的机构指定专职人员集中统一管理，妥善保存，不得损毁；修志工作完成后，应当依法移交本级国家档案馆或者方志馆保存、管理，个人不得据为己有或者出租、出让、转借。

第十五条 以县级以上行政区域名称冠名的地方志书、地方综合年鉴为职务作品，依照《中华人民共和国著作权法》第十六条第二款的规定，其著作权由组织编纂的负责地方志工作的机构享有，参与编纂的人员享有署名权。

第十六条 地方志工作应当为地方经济社会的全面发展服务。县级以上地方人民政府负责地方志工作的机构应当积极开拓社会用志途径，可以通过建设资料库、网站等方式，加强地方志工作的信息化建设。公民、法人和其他组织可以利用上述资料库、网站查阅、摘抄地方志。

第十七条 县级以上地方人民政府对在地方志工作中作出突出成绩和贡献的单位、个人，给予表彰和奖励。

第十八条 违反本条例规定，擅自编纂出版以县级以上行政区域名称冠名的地方志书、地方综合年鉴的，由县级以上地方人民政府负责地方志工作的机构提请本级人民政府出版行政部门依法查处。

第十九条 违反本条例规定，未经审查验收、批准将地方志文稿交付出版，或者地方志存在违反宪法、法律、法规规定内容的，由上级人民政府或者本级人民政府责令采取相应措施予以纠正，并视情节追究有关单位和个人的责任；构成犯罪的，依法追究刑事责任。

第二十条 负责地方志工作的机构的工作人员违反本条例第十四条第二款规定的，由其所在单位责令改正，依法给予处分。

第二十一条 编纂地方志涉及军事内容的，还应当遵守中央军委关于军事志编纂的有关规定。

国务院部门志书的编纂，参照本条例的相关规定执行。

第二十二条 本条例自公布之日起施行。

山东省地方史志工作条例

（2005年9月29日山东省第十届人民代表大会常务委员会第十六次会议通过）

第一条 为了继承和发扬中华民族优秀文化传统，客观记载区域地情，系统积累、保存地方史志文献，服务经济建设和社会发展，结合本省实际，制定本条例。

第二条 本省行政区域内地方史志的组织编纂、管理和服务工作，适用本条例。

本条例所称地方史志是指各级各类志书、年鉴及相关地情文献。

第三条 编纂地方史志应当遵循存真求实的原则，全面客观地反映当地自然与社会的历史和现状。

第四条 县级以上人民政府应当加强对地方史志工作的领导，将地方史志工作纳入国民经济和社会发展计划，所需经费列入同级财政预算。

第五条 县级以上人民政府史志工作机构主管本行政区域内的地方史志工作，具体承担下列任务：

（一）规划、协调地方史志工作；

（二）制定地方史志编纂业务规范；

（三）组织、检查、指导地方史志编纂工作；

（四）编纂、审查、验收有关地方史志稿件；

（五）征集、整理、保存地方史志文献，开展地方史志学术研究；

（六）宣传、推广地方史志成果，开展地情研究，建设地情文献库和地情文献网站，为公众读志用志提供服务；

（七）同级人民政府和上级业务部门交办的其他事项。

第六条 从事地方史志编纂业务的人员应当具备相应的专业知识和学术水平。

地方史志编纂工作应当吸收社会各界专家、学者参加。

第七条 以县级以上行政区划冠名的地方志、地方综合年鉴、综合地情文献，由同级人民政府史志工作机构按照规划组织编纂，其他组织和个人不得编纂出版。

第八条 省、设区的市、县（市、区）三级志书二十年左右编修一次，编纂任务由省人民政府统一部署。

第九条 人民政府史志工作机构可以向机关、社会团体、企业事业单位和其他组织以及公民征集有关地方史志资料，有关单位和公民应当为其提供便利。地方史志编纂机构可以对资料内容进行查阅、摘抄、复制。涉及国家秘密、商业秘密和个人隐私以及不符合档案开放条件的除外。

地方史志资料所有人或者持有人不得故意提供虚假资料。

第十条 为执行本单位的地方史志编写任务或者利用本单位的物质技术条件收集、积累的地方史志资料，应当按照有关规定归档管理，任何人不得损毁或者据为己有。

第十一条 设区的市、县（市、区）人民政府史志工作机构应当根据全省地方史志工作规划，制定本行政区域的志书编纂方案，报上一级人民政府史志工作机构批准后实施。

第十二条 承担省、设区的市、县（市、区）三级志书编写任务的部门、企业事业单位和其他组织应当根据地方史志工作规划，明确相关编写单位或者编写人员，拟定编写方案报同级人民政府史志工作机构批准后实施。

第十三条 省、设区的市、县（市、区）三级志书志稿实行分级申报、审查、验收制度。

省志报省地方史志编纂委员会审定，经省人民政府批准后出版。

设区的市、县（市、区）的志书报上一级地方史志编纂委员会审定，经同级人民政府批准后出版。

县（市、区）志报省人民政府史志工作机构备案。

第十四条 以县级以上行政区划冠名的地方综合年鉴由同级人民政府史志工作机构组织编纂，经同级人民政府批准后出版。

以县级以上行政区划冠名的综合地情文献由同级人民政府史志工作机构组织编纂。

第十五条 有关组织和单位可以自行组织编纂本条例第十三条、第十四条规定以外的志书、年鉴或者其他地情文献。编纂单位应当按照隶属关系或者注册登记关系报人民政府史志工作机构备案。

第十六条 承担地方史志编纂任务的部门和行业组织，可以根据地方史志工作规划对其管理单位的地方史志编写工作进行督导。

第十七条 编纂单位应当在地方史志出版后三十日内向当地和上级人民政府史志工作机构报送样书和电子文本。以县级以上行政区划冠名的地方志、地方综合年鉴、综合地情文献在编纂过程中形成的档案资料，应当移交同级国家综合档案馆保管。

第十八条 地方史志文献应当向社会公开，地情文献库应当向公众开放。

单位和个人可以免费利用地情文献库和地情文献网站查阅、摘抄地方史志文献。

第十九条 违反本条例，有下列行为之一的，由县级以上人民政府史志工作机构按照管理权限责令其停止违法行为，限期改正；逾期不改的，由其所在单位或者有关行政部门依法给予行政处分或者纪律处分：

（一）擅自编纂出版以县级以上行政区划冠名的地方志、地方综合年鉴或者综合地情文献的；

（二）损毁单位所有或者持有的地方史志资料或者将其据为己有的；

（三）地方史志资料所有人或者持有人故意提供虚假资料的；

（四）未经审查、验收、批准将地方史志交付出版的；

（五）无故拖延、拒绝提供地方史志资料或者承担编写任务的；

（六）拒绝向上级人民政府史志工作机构报送地方史志

文献的。

有前款第（一）（二）项行为，造成重大损失或者恶劣影响的，人民政府史志工作机构、地方史志资料所有或者持有单位和相关部门可以依法向人民法院提起诉讼。

第二十条 本条例自 2005 年 12 月 1 日起施行。

威海市地方史志工作管理办法

（威政发〔2011〕40号）

第一条 为促进本市地方史志事业发展，更好地发挥资政、存史、教化的作用，根据国务院《地方志工作条例》和《山东省地方史志工作条例》，结合本市实际，制定本办法。

第二条 本办法适用于本市行政区域内地方史志的组织编纂、管理和开发利用工作。

第三条 本办法所称地方史志，是指各级各类地方志书、地方年鉴以及相关地情文献。

本办法所称地方志书，包括市志、各市区（包括高区、经区和工业新区，下同）志以及部门志、企事业单位志、社会团体志、镇（街道）志、行政村（社区）志等。

本办法所称地方年鉴，包括以市和各市区区域名称冠名的地方综合年鉴以及部门年鉴、企事业单位年鉴、社会团体年鉴、镇（街道）年鉴、行政村（社区）年鉴等。

本办法所称相关地情文献，包括以市和各市区区域名称冠名的综合地情文献以及部门、企事业单位、社会团体、镇（街道）、行政村（社区）编纂的其他资料性文献。

第四条 市和各市区政府（管委）应当加强对地方史志工作的领导，将地方史志工作纳入国民经济和社会发展规划，明确工作机构和人员，地方史志工作所需经费列入同级财政预算。

第五条 市和各市区政府（管委）地方史志工作机构主管所辖区域内的地方史志工作，履行下列职责：

（一）贯彻执行地方史志工作法律、法规；

（二）组织、指导和检查地方史志工作；

（三）拟定地方史志工作规划和编纂方案；

（四）组织编纂地方志书、地方综合年鉴及综合地情文献；

（五）审查、验收、备案有关地方史志文稿；

（六）组织整理旧志，征集、整理、保存地方史志文献；

（七）组织开展地方史志理论研究、学术交流及业务培训；

（八）建设方志馆、地情资料数据库和地情网站，开发利用地方史志资源；

（九）开展地方史志资料年报工作，实行地方史志资料征集报送制度；

（十）完成同级政府（管委）和上级史志工作机构交办的其他事项。

第六条 编纂地方史志应当坚持存真求实的原则，全面、系统、客观、准确地反映本辖区内自然、政治、经济、文化和社会的历史与现状。

第七条 从事地方史志编纂业务的工作人员应当具备相应的专业知识和学术水平。地方史志编纂工作应当吸收有关方面的专家、学者参加。

第八条 以市和各市区区域名称冠名的地方志书、地方综合年鉴和综合地情文献，由同级政府（管委）地方史志工作机构按照规划组织编纂，其他组织和个人不得编纂出版。

第九条 市和各市区地方志书每20年左右编修一次。编修工作由市政府统一规划部署。每一轮地方志书编修工作完成后，地方史志工作机构在编纂地方综合年鉴、向社会提供咨询服务、组织和引导基层开展地方史志工作的同时，启动新一轮地方志书的编修工作。遇到地方重大事件发生或重大区划变动，同级政府（管委）应当适时组织编纂专志或地方志书。

鼓励和提倡编写部门志、企事业单位志、社会团体志和镇（街道）志、村（社区）志等基层志书，并列入“威海地方史志丛书”统一编排出版。

第十条 市和各市区地方综合年鉴应当按年度组织编纂，以出版年份为卷号；其他年鉴的编纂可一年编纂一卷，也可数年编纂一卷。

第十一条 地方史志工作机构可以向机关、企事业单位和其他组织以及个人征集有关地方史志资料，有关部门、单位和个人应当提供便利。地方史志工作机构可以对资料内容进行查阅、摘抄、复制，但涉及国家秘密、商业秘密和个人隐私以及不符合档案开放条件的除外。

地方史志资料所有人或者持有人不得故意提供虚假资料。

第十二条 市和各市区地方史志工作机构负责组织所辖区内地方史志资料的征集报送工作，实行年报制度，对年度详细资料、重大专题资料、地情文献资料、人物资料以及图片、音像、电子文本、实物等各种载体形式的资料进行及时收集、整理、保存，并负责向上级史志工作机构报送本级相关地情文献资料。

第十三条 地方史志编纂过程中征集到的各类资料及形成的文稿，由同级政府（管委）地方史志工作机构集中统一管理，妥善保存，不得损毁。编纂工作完成后，应当依法移交同级国家档案馆或者方志馆保存、管理，任何人不得据为己有或者擅自处置。

第十四条 地方史志文稿保密审查实行分级负责制。提供资料和撰写初稿的单位、个人应当确保资料和文稿不存在泄密内容。地方史志工作机构应当会同同级保密主管部门对地方史志文稿进行保密审查，发现存在泄密内容的，依法予以处理。

第十五条 承担地方史志撰稿和资料报送任务的单位，应当明确责任机构和人员，提供经费保障，并接受同级政府（管委）地方史志工作机构的指导。

第十六条 下列地方史志出版实行分级审查批准制度：

（一）《威海市志》经省地方史志编纂委员会审定，报市政府批准后出版。

（二）《威海年鉴》经市地方史志编纂委员会审定，报市政府批准后出版。

（三）各市区志经市地方史志编纂委员会审定，报同级政府（管委）批准后出版，并报省政府史志工作机构备案。

（四）各市区地方综合年鉴经同级地方史志编纂委员会审定，报同级政府（管委）批准后出版。

市和各市区地方志书、地方综合年鉴的电子类出版物，应当履行前款规定的报审程序。

第十七条 地方志书文稿报送审查时，编纂单位应当按要求提交相关资料。审查机构应当及时认真审查，并出具审查意见。未经审查验收的市志和各市区志不得以任何形式公开出版。

第十八条 对地方志书进行审查时，如发现重大质量问题的，应当退回重修。出版后发现有重大质量问题的，应当责令相关单位收回、销毁；经重新修改、按程序审查后，方可再次安排出版。

已经审查验收的地方志书，编纂单位不得随意修改。确需重新做出重大调整和修改的，应当报经审查机构同意，并在修改后再次报送审查。

第十九条 本办法第八条规定以外的志书、年鉴或者其他资料性文献，可以由有关组织和单位自行组织编纂。有关组织和单位组织编纂的志书、年鉴及其他资料性文献，应当接受地方史志工作机构的业务指导，并于出版后30日内按隶属关系或注册登记关系报地方史志工作机构备案。

第二十条 地方志书、地方年鉴和相关地情文献为职务作品，其著作权由组织编纂的机构享有，参与编纂的人员享有署名权。

第二十一条 地方史志编纂中涉及历史争议的问题，应当征求有关专家、学者和研究机构的意见，并向同级政府（管委）和上级地方史志工作机构报告。

第二十二条 地方史志文献应当通过方志馆、地情资料库和地情网站向社会公众开放。

第二十三条 市和各市区地方史志工作机构负责所辖区域地情资料库和地情网站的建设和维护，及时将地方史志资料及成果进行数字化处理，建成地情资料数据库。

第二十四条 鼓励单位和个人向方志馆捐赠地方资料文献。对具有收藏价值的资料，应当向捐赠者颁发捐赠证书，并给予馆存资料的优先使用权。

第二十五条 市和各市区政府（管委）及有关部门应将地方史志工作纳入年度目标考核范围，对成绩突出的单位和个人给予表彰和奖励。

第二十六条 有下列行为之一的，由市和各市区地方史志工作机构责令限期改正；逾期不改正的，由其所在单位和有关行政部门依法给予行政处分或者纪律处分：

（一）擅自编纂、出版以市和各市区区域名称冠名的地方志书、地方综合年鉴以及综合地情文献的；

（二）损毁单位所有或持有的地方史志资料或者将其据为己有的；

（三）地方史志资料所有人或者持有人故意提供地方史志虚假资料的；

（四）未经审查、验收、批准将地方史志交付出版的；

（五）无故拖延、拒绝提供地方史志资料或拒不承担编写任务的；

（六）对已经审查通过的地方史志文稿擅自进行较大改动并出版，造成恶劣影响和严重后果的；

（七）拒绝向地方史志工作机构报送地方史志文献的。

第二十七条 地方史志工作机构及其工作人员有下列行为之一的，由其所在单位责令改正，依法给予处分：

（一）在地方史志编纂中故意加入虚假资料的；

（二）将地方史志编纂工作中搜集的资料和形成的文稿据为己有的；

（三）将地方史志文稿作为个人著作擅自发表的；

（四）擅自出租、转借、转让地方史志资料，造成损毁或遗失的。

第二十八条 本办法由威海市地方史志办公室负责组织实施。

第二十九条 本办法自 2011 年 10 月 1 日起施行。

威海市环翠区地方志工作管理暂行办法

（威环政法〔2011〕24号）

第一条 为规范和加强全区地方志的编纂、管理和开发利用工作，根据国务院《地方志工作条例》、《山东省地方史志工作条例》和《威海市地方史志工作管理办法》，结合本区实际，制定本办法。

第二条 本区行政区域内地方志的编纂、管理和开发利用工作，适用本办法。

第三条 本办法所称地方志，包括地方志书、地方综合年鉴和相关地情文献。

地方志书，是指全面系统地记述本行政区域自然、政治、经济、文化、社会的历史与现状的资料性文献。包括区志、镇（街道）志。

地方综合年鉴，是指全面系统地记述本行政区域内自然、政治、经济、文化、社会等方面情况的年度资料性文献。包括区年鉴、镇（街道）年鉴。

相关地情文献，是指系统记述本行政区域一定领域情况的资料性文献。包括机关、社会团体、企事业单位及村（社区）编纂的志书、年鉴和其他资料性文献。

第四条 区政府负责对本行政区域地方志工作的领导，

将地方志工作纳入本地经济和社会发展规划；地方志工作所需经费列入本级财政预算。

第五条 区地方史志办公室是本行政区域地方志工作的主管机构，履行下列职责：

（一）贯彻执行地方志工作法规、政策；

（二）组织、指导、督促、检查地方志工作；

（三）拟定地方志工作规划和编纂方案；

（四）制定地方志编纂业务规范；

（五）编纂、审查、验收地方志文稿；

（六）建设地情网站和方志馆，开发利用地方志资源；

（七）组织整理旧志，征集、保存地方志文献；

（八）组织开展地方志学术研究、业务培训；

（九）完成本级人民政府和上级业务部门交办的其他任务。

第六条 从事地方志编纂业务的人员应当具备相关的专业知识和学术水平。编纂环翠区地方志书、地方综合年鉴的编纂人员由区地方史志办公室聘任；本区行政区域内以行政区划冠名的镇（街道）志、部门志等各类志书的编纂人员由相关镇（街道）、部门选聘熟悉修志业务的人员担任，并报区地方史志办公室备案。

第七条 编纂地方志，按下列程序进行：

（一）区级地方志书（《环翠区志》）、区级地方综合年鉴（《环翠年鉴》）由区地方史志办公室制定出编纂规划报区政府批准后，组织开展编纂。具体程序是：

1. 区地方史志办公室按照地方志编写年限要求，结合本区实际，对需开展的地方志书、地方综合年鉴编纂工作，制定出编纂规划。

2. 区地方史志办公室制定详细的编纂方案，提交区史志编纂委员会讨论审议后，报区政府同意下发全区，启动编纂工作。根据编纂方案的规定，承担编纂任务的单位，应当按照地方志编纂规划和要求，接受区地方史志办公室的业务指导与督促检查，按照时间和质量要求完成撰稿任务。

3. 区地方史志办公室负责组织编纂人员、业务开展、检查验收、出版发行等工作。

4.《环翠区志》编纂形成定稿后，经市地方史志编纂委员会审定，报区人民政府批准后出版。

5.《环翠年鉴》编纂形成定稿后，经区史志编纂委员会审定，报区人民政府批准后出版。

（二）镇（街道）志和机关、社会团体、企事业单位及村（社区）编纂的志书、年鉴和其他资料性文献，由相关镇（街道）、村（社区）和单位在区地方史志办公室的指导下组织编纂。具体程序是：

1. 各镇（街道）、村（社区）和单位按要求填报志书（年鉴、地情文献）编写申请表（附件 1），并将地方志编纂方案提前 3 个月报区地方史志办公室审查后组织实施。

2. 区地方史志办公室负责志书的业务指导、检查督导、审查把关、存档备案。

3. 各镇（街道）、村（社区）和单位按照地方志编写程序，形成志稿篇目设置、初稿、评审稿、定稿。篇目设置形成后报区地方史志办公室审查备案，然后组织开展初稿编写；初稿形成后，由区地方史志办公室审查，提出修改意见，并组织评审；镇（街道）、村（社区）和有关单位根据评审意见修改定稿后，按照有关规定印刷或出版发行。

4. 各镇（街道）、村（社区）和有关单位应当在志书、年鉴和其他资料性文献出版后30日内按要求填报志书（年鉴、地情文献）审查备案表（附件2），并向区地方史志办公室报送样书和电子文本。

第八条 以区行政区域名称冠名的地方志书、地方综合年鉴，由区地方史志办公室按照规划组织编纂；以镇（街道）行政区域名称冠名的地方志书、地方综合年鉴，由各镇人民政府、街道办事处组织编纂。其他组织和个人不得编纂出版。

第九条 有关组织和单位可以自行组织编纂本办法第八条规定以外的志书、年鉴或其他相关地情文献，编纂单位应当报区地方史志办公室备案。

第十条 区级地方志书每20年左右编修一次，每一轮地方志书编修工作完成后，地方志工作机构在编纂地方综合年鉴、搜集资料、向社会提供咨询服务的同时，启动新一轮地方志书的编修工作。区级地方综合年鉴按年度或数年编辑出版一卷。可适时组织编纂综合或专题地情文献。

第十一条 区地方史志办公室可以向辖区内机关、社会团体、企事业单位和其他组织以及公民征集有关地方志资料，有关单位和公民应当提供支持。区地方史志办公室可以对有关资料进行查阅、摘抄、复制，但涉及国家秘密、商业秘密和个人隐私以及不符合档案开放条件的除外。

地方志资料所有人或者持有人不得故意提供虚假资料。

第十二条 在地方志编纂过程中收集到的文字资料、图表、照片、音像资料、实物等以及形成的地方志文稿，由区地方史志办公室集中统一管理，妥善保存，不得损毁；修志工作完成后，应当依法移交方志馆保存、管理，个人不得据为己有或者出租、出让、转借。

第十三条 以区行政区域名称冠名的地方志书、地方综合年鉴和相关地情文献为职务作品，依照《中华人民共和国著作权法》第十六条第二款的规定，其著作权由组织编纂的机构享有，参与编纂的人员享有署名权。

第十四条 区地方史志办公室负责本行政区域地情资料库（地情网站）的建设和维护，要及时将史志资料及成果进行数字化处理，逐步建成动态型地情资料数据库。

第十五条 地方志工作应为地方经济社会的全面发展服务。区地方史志办公室通过建设方志馆、资料库、网站等方式，积极开拓社会用志途径，加强地方志工作信息化建设。公民、法人和其他组织可以利用方志馆、资料库、网站，查阅、摘抄地方志资料。

鼓励单位和个人向区地方史志办公室捐赠地方志资料，对具有收藏价值的资料，方志馆应当向捐赠者颁发收藏纪念证书，并给予馆存资料的优先使用权。

第十六条 地方志成果可以依据有关规定参加国家、省和市优秀社会科学成果评奖。

第十七条 区人民政府应当对在地方志工作中作出突出成绩的单位、个人给予表彰和奖励。

第十八条 实行地方志保密审查分级分单位负责制。地方志的保密审查由提供资料和编写初稿的单位负责，保密主管部门会同区地方史志办公室对本级地方志进行保密审定。地方志泄露国家秘密的，由有关部门依法查处。

第十九条 违反本办法规定，有下列行为之一的，由区地方史志办公室责令其停止违法行为并限期改正；逾期不改正的，由区地方史志办公室提请有关行政部门依法查处或者给予处分：

（一）擅自编纂出版以区行政区域名称冠名的地方志书、地方综合年鉴和相关地情文献的；

（二）未经审查、验收、批准，将地方志文稿交付出版或者地方志内容存在违反宪法、法律、法规的；

（三）无故拖延、拒绝提供地方志资料或者承担编写任务的；

（四）地方志资料所有人或者持有人故意提供虚假资料的；

（五）丢失、损毁单位地方志资料或者将其据为己有的；

（六）拒不向地方志工作机构报送地方志出版物（含纸质版、电子版）的。

有本条（一）（二）项行为，造成重大损失或者恶劣影响的，区地方史志办公室可以依法向人民法院提起诉讼。

第二十条 任何单位和个人有权对违反本办法的行为向

区地方史志办公室进行检举。

第二十一条 本办法由环翠区地方史志办公室负责解释。

第二十二条 本办法自发布之日起施行。

附件：1. 志书（年鉴、地情文献）编写申请表

2. 志书（年鉴、地情文献）审查备案表

附件 1

志书（年鉴、地情文献）编写申请表

编号：环志申请　　号

书籍名称		时间断限	
编纂单位			
主编姓名、职务（职称）		电话	
内容简介			
开本		插页	
字数		印数	
出版部门		出版日期	
印刷单位			
编纂单位意见	（盖章） 年　月　日		
所属镇（街道、开发区）意见	（盖章） 年　月　日		
区地方史志办公室意见	（盖章） 年　月　日		

注：1. 此表一式三份，区地方史志办公室、所属镇（街道、开发区）、编纂单位各一份。

2. 编纂单位要在书籍出版前 30 日内向区地方史志办公室报送电子文本及 40 本样书。

附件 2

志书（年鉴、地情文献）审查备案表

编号：环志审备　　号

书籍名称							
编纂单位				时间断限			
主编姓名、职务（职称）							
内容简介							
开本		插页		字数		印数	
出版社		出版日期		印刷单位			
编纂单位意见	（盖章） 年　月　日			区地方史志办公室意见	（盖章） 年　月　日		

注：1. 此表一式两份，区地方史志办公室、编纂单位各一份。

2. 编纂单位要在志书（年鉴）出版后 30 日内向区地方史志办公室报送电子文本及 40 本样书。

第二部分　业务规范

地方志书质量规定

（中指组字〔2008〕3号）

第一章 总则

第一条 为了继承和发扬中华民族优秀文化传统，全面、客观、系统地编纂地方志书，确保质量，根据《地方志工作条例》和国家关于出版管理的法律、法规，制定本规定。

第二条 本规定所称地方志书（以下简称“志书”），是指省（自治区、直辖市）、设区的市（自治州）、县（自治县、不设区的市、市辖区）编纂的志书。

第三条 志书质量的总体要求：观点正确，体例严谨，内容全面，特色鲜明，记述准确，资料翔实，表达通顺，文风端正，印制规范。

第四条 本规定凡涉及国家法律、法规和有关标准的内容，以现行法律、法规和有关标准为准。

第二章 观点

第五条 以马克思列宁主义、毛泽东思想、邓小平理论和“三个代表”重要思想为指导，全面贯彻落实科学发展观，坚持辩证唯物主义和历史唯物主义的立场、观点和方法。

第六条 记述社会主义时期的内容，应体现社会主义时代精神风貌，全面反映发展中国特色社会主义事业的历程和成绩，正确反映历史发展中的曲折和问题。

第七条 志书不得含有下列内容：反对宪法确定的基本原则的；危害国家统一、主权和领土完整的；泄露国家秘密、危害国家安全或者损害国家荣誉和利益的；煽动民族仇恨、民族歧视，破坏民族团结，或者侵害民族风俗、习惯的；宣扬邪教、迷信、赌博、暴力的；侮辱或者诽谤他人，侵害他人合法权益的；危害社会公德或者民族优秀文化传统的；法律、法规和国家规定禁止的其他内容的。

涉及国家安全、社会稳定等重大问题，法律、法规及政策未作规定的，经由有关部门审查把关，正确把握记述尺度。

第三章 体例

第八条 坚持志体。横排门类，纵述史实，述而不论。体例科学、规范、严谨，适合内容记述的要求。

第九条 凡例关于编纂志书的指导思想、原则、时空范围、体裁、人物收录标准、资料来源、行文规范、特殊问题处理等要求，清楚明确。

第十条 志书名称以下限时的本行政区域名称冠名。其中，市辖区志书在本行政区域名称前冠以上一级行政区域名称，如“××市××区志”。

续修志书名称标明上下限年份，如“××县志

（××××—××××）”。

第十一条 体裁运用得当，以志为主。

（一）述

根据志种和内容层次的不同，合理设置，概述事物发展全貌和特点等。

（二）记

大事记选录大事得当，重要事项不漏，时间、地点、人物（单位）、结果等要素齐备。

专记设置因事制宜，选题严格，数量适度。

编后记重点反映修志始末。

（三）志

门类设置合理。纵述史实把握事物的发端、变化和现状，不缺失主要事物、事物的主要方面和事物发展的重要阶段。

（四）传

立传人物为在本行政区域有重大影响者，以及本籍人物在外地有重大影响者。

（五）图、照

图、照注重典型性、资料性，从不同角度反映变化的情况。

卷首插图包括本行政区域位置图、地形图、行政区划图、交通图等。地图采用国家测绘部门和有关部门绘制或者审定的。重要地理信息数据采用测绘部门公布的法定数据。

照片无广告色彩。除人物传、人物简介外，无个人标准像。

（六）表

设计合理，要素齐全，内容准确，不与正文简单重复。

（七）录

附录的原始文献、补遗考订等资料具有重要存史价值。

（八）索引

分类标准统一，名称概念清楚，提炼的标目符合主题原意，附缀正文页码准确。

第十二条　篇目设置符合“事以类聚”、“类为一志”的基本要求，科学分类与现实社会分工（现行管理体制）、全志整体性与分志相对独立性的关系处理妥当。

整体布局合理，结构严谨，归属得当，层次分明，排列有序。类目的升格或降格，使用适当。

标题简明准确，题文相符，同一门类各级标题不重复。

第四章　内容

第十三条　内容反映本行政区域内自然、政治、经济、文化、社会的历史和现状。

根据各地实际分类，记述内容大致涵盖以下方面：

（一）建置、自然环境、资源、人口等；

（二）城乡建设、环境保护、交通、邮电信息、公用事业等；

（三）农业、工业、建筑业、服务业、经济管理等；

（四）中国共产党、人民代表大会、人民政府、政治协商会议、民主党派、群众组织、公安司法、军事等；

（五）教育、科学技术、文化艺术、新闻出版、广播影视、卫生和计划生育、体育等；

（六）人民生活、人事和劳动社会保障、民政、民族、宗教、风俗、方言等；

（七）人物。

第十四条　内容完整，横不缺要项，纵不断主线；详略得当，重点突出；反映事物基本特征，记述有深度。

第五章　记述

第十五条　区域界限明确。以本行政区域为记述范围，越境不书。交代背景，反映与本行政区域外的横向对比、联系等，不视为越境而书。

第十六条　时间界限明确，不随意突破志书的上限和下限，严格控制上溯或下延。

续修志书处理好与前志的衔接，注意对前志的拾遗补缺、订讹正误。

第十七条　记述事物、事件和人物，寓观点于记述之中。述体中的必要议论适度，不空泛。

第十八条　志书中同一名称、事实、数据、时间、度量衡、术语的表述，前后一致。

第十九条　内容记述不机械重复。交叉记述的事物，从不同的角度记述，或此详彼略，或用互见法。

第二十条　生不立传。在人物传、人物简介、人物表以外记述人物，以事系人、人随事出。记述人物准确、客观、公允。

第二十一条 人物传记述传主的生卒年月、籍贯（出生地）、主要经历、典型事迹、个性特征、社会评价等。人物简介略记人物履历及主要事迹，不面面俱到。人物表要素不缺。

第二十二条 图的制作规范，要素齐全，包括必要的图题、图例和注记。

照片主题明确，图像清晰，注明时间、地点、事物、需要说明的人物的位置及时任职务等。

第六章 资料

第二十三条 资料真实、准确。

资料经过鉴别、考证、核实，时间、地点、人物（单位）、事实、数据等准确。

有歧义但不可或缺的资料，多说并存。

第二十四条 资料全面、系统。

自然、政治、经济、文化、社会、人物等方面的资料齐全。

反映事物发生、发展过程的资料连贯、系统。

人、事、物，时间、地点、事件经过等要素齐备。

第二十五条 资料具有代表性、权威性。

注重使用原始资料。

第七章 行文

第二十六条 使用规范的现代语体文记述，不用总结报告、新闻报道、文学作品、教科书、论文等写法。

第二十七条 行文严谨、朴实、简洁、流畅。除引文和特殊情况外，以第三人称记述，不用第一人称。

第二十八条 使用规范汉字，用词概念准确，符合现代汉语语法规范。

使用口语、方言、土语、俗语适当；不滥用时态助词；慎用评价词语；不用模糊、空泛词句。

时间、空间概念表述准确具体，指代明确。

第二十九条 无知识性和常识性错误。不乱改科学定律、理论概念、政治术语、历史典籍、名家名言的提法和内涵等。

第三十条 各种组织、机构、法律法规、文件、会议等专有名称使用全称。使用简称的，在适当地方括注于全称之后。简称概念准确规范，不产生歧义。

第三十一条 不同时期的国家、团体、机构、职务等名称，均用当时名称。历史朝代名称使用规范的通称，以新版《现代汉语词典》附录的中国历代纪元表为准。

第三十二条 今地名使用各级政府审定的标准地名。

历史地名使用当时名称，括注志书下限时名称。

涉及其他行政区域地名的，其行政隶属关系明确。

第三十三条 跨区域的山脉、河流、湖泊、水库、公路、铁路、航线、文物、名胜古迹、重大事件等，其名称和数据以国家有关部门公布的为准。

第三十四条 人物直书姓名，不冠褒贬词语，不在姓名后加身份词；必须说明身份的，首次出现时在姓名前冠以职务（职称）。

第三十五条 译名准确。外国国名和常见的地名、人名、党派、政府机构、报刊等译名，以新华通讯社译名为准。新华通讯社没有译名的，首次使用译名时括注外文全称。

第三十六条 生物、矿物名称，使用学名。记述自然资源涉及本地生物名称的，首次出现时采用二名法，括注本地俗名。

第三十七条 表格包括表序、表题、表体和必要的表注等。表题的时间、范围、主体内容和表格性质等要素齐全。全书表格样式、编号统一。

第三十八条 文中图统一编号。

第三十九条 统计数据的使用，符合国家统计法律、法规的有关规定，数据的定义、含义、统计口径和计算方法等清楚、准确，不错用、滥用。

统计数据以国家统计部门公布的法定数据为准。统计部门没有统计的，采用业务主管部门的统计数据。

第四十条 注释符合学术规范，便于查找原文。注释形式全书统一。

引文和重要资料注明出处。

第四十一条　数字、量和单位、标点符号的使用规范、统一，符合国家有关标准的规定。

第八章　出版

第四十二条　出版，符合国家关于出版管理法律、法规及相关规定的要求。

第四十三条　民族自治地方用本民族语言文字出版的志书，符合国家关于民族语言文字出版物管理的规定。

第四十四条　出版制作以电子为介质的志书，符合国家关于电子出版物管理的规定。

第四十五条　印制，符合国家关于印刷业管理、音像制品管理的规定。

第四十六条　版面格式规范，符合国家有关技术标准和规定，装帧美观、大方。分册出版的志书，整体设计统一，形成系列。

封面书名采用印刷体，不用个人题签。

第四十七条　采用16开本（889×1194mm），文字横排。

第四十八条　编辑校对符合国家关于图书质量管理的规定。全书差错率不超过万分之一。

第九章　附则

第四十九条　各省（自治区、直辖市）地方志工作机构可根据本规定，结合本地实际，制定实施细则。

第五十条　本规定由中国地方志指导小组及其办公室负责解释。

中国名镇志丛书行文通则 *

第一章　总则

第一条　为规范中国名镇志丛书收入各志编写，根据国家有关规定，结合本丛书编纂实际，制定本行文通则（以下简称《通则》）。

第二条　本志使用记述体，以现代语体文表述。要求文风严谨、朴实、简洁，可读性强，行文流畅，内容表述准确、清楚。所用词语、计量单位必须符合国家有关规定。图表绘制、标题排列、文字书写必须清晰、规范。

第二章　标题、目录

第三条　全志按类目、分目、条目三个层次排列。类目、分目、条目标题前不加序号。条目以下一般不设标题，如确实需要，则依次冠以楷体小标题。

第四条　各志目录编到“条目”一级。

* 本行文通则部分条款在实际出版工作中有变动，请以实际出版规范为准。

第三章　文字、标点

第五条　全志用字以《现代汉语通用字表》和 1986 年 10 月国家语言文字工作委员会发布的《简化字总表》为准。古籍引文及古人名号如简化后易造成误解的，可仍用繁体字，个别冷僻字加注音。异体词用法参照 2002 年 3 月 31 日教育部、国家语言文字工作委员会发布的《第一批异体词整理表》（试行）。

第六条　外文字母一律按印刷体书写，易混淆时须注明语种（如法文、英文等）。

第七条　标点符号按国家技术监督局 2011 年批准的中华人民共和国国家标准《标点符号用法》使用。

表示数值的范围，用浪纹连接号“～”，如“1991 年～ 1992 年”“20% ～ 30%”；两个相关的名词（汉字）构成一个意义单位，中间用占一个字位的横线连接号“—”，如：“北京—广州直达快车”；表示产品型号，中间用占半个字位的连接号“-”，如：“神盾 100-120 型 X 光机”。

第四章　专用名词、术语

第八条　较长的专用名词（如文件、会议、公报、组织机构名称等）多次出现，在第一次出现时必须使用全称，并括注简称，再次出现时可用简称。

第九条 简称必须按志体规范，如“中国共产党第十一届中央委员会第三次全体会议”简称“中共十一届三中全会”，不简称“三中全会”或“十一届三中全会”；“中共中央”不简称“党中央”；“中共十五大”不简称“党的十五大”或“十五大”；“加入世界贸易组织”，不简称“入世”。

某些词语加引号应与国家出版物一致，如：“文化大革命”，“三个代表”重要思想，“三个有利于”，“两手抓、两手都要硬”，“一个中心、两个基本点”，“左”的错误。

涉及台湾地区的所谓政府机构，须加引号，如“行政院”。对台湾当局以所谓“国家”“中央”“全国”名义设立的官方机构中官员的职务名称，对台湾当局及其所属机构的法规性文件与各式官方文书等，对具有“台独”性质的组织和政治术语等，均应加引号。

第十条 记述各个历史时期的朝代、行政机构、党派团体、官职、地名等，一律采用当时称谓。古地名在各章第一次出现时应括注今名。

第十一条 外国地名、人名、党派、政府机构、报刊、书籍等译名，均以新华社译名或专业工具书通用译名为准，鲜为人知的专名，需括注外文原名。

第十二条 人物一律直书其姓名，不加“先生”“同志”等礼貌词，也不加褒贬之词，必须说明身份时可冠以职务职称，如市长某某某、镇长某某某。

第十三条 用第三人称表述，不用“我镇”之类的词语。

第十四条 引用文件一般不引文号，如文件名称不宜公开，可写“根据有关规定”。

第十五条　专业术语的使用务求规范、准确，一般以各专业辞典正条为准。

第五章　时间

第十六条　表述时间必须有确指，不得使用“今年”“去年”“近年”之类的代词，也不用“最近”“目前”等概念词。

第十七条　中华民国以前的纪年，先书历史纪年，括注公元纪年，年号在前，如：清道光二十二年（1842 年）。年号不用“宋太祖元年”“唐太宗初年”等，一律采用明确的年号。自中华民国成立后的纪年，均使用公元纪年。

第十八条　人物生卒年之间使用“—”字线，如：“毛泽东（1893—1976）”。

第十九条　年份不能简称，如：“1991 年”不能写作“91 年”，“1992 年～ 1994 年”不能写作“1992 ～ 94 年”。本志中的“×× 年代”，凡未加世纪者，均指 20 世纪的年代。

第二十条　中华人民共和国成立前、后，不简称“建国前”“建国后”，可用“新中国成立前”“新中国成立后”。称“解放”必须让读者明了所指的地域，如：“×× 镇解放后”“×× 镇解放前夕”。

第六章 数字

第二十一条 下列情况应当使用阿拉伯数字：

表示公历世纪、年代、年、月、日、时、分、秒，如：20世纪80年代，1995年7月1日，8时30分20秒。

表示民国纪年中的年份，如：民国10年。

表示年龄，如：60岁。

表示统计数字、倍数、百分比、分数，如：150公斤、3倍、12%、1/3。

表示温度、功率等物理量，如：30℃、25瓦。

表示地理经纬度，先记述纬度，后记述经度，如：北纬111° 7'39"，东经113° 7'39"。

引用标注中的版次、卷次、页码，如：1981年第1版第1卷第70页。

部队番号、证件号码、产品型号和其他序号、代号、代码，如：84026部队、国家标准GB2312—80、国内统一刊号CN11—1399、HP-3000型电子计算机。

第二十二条 下列情况应使用汉语数字：

表示序数，如第一章、第二名。但与阿拉伯数字连用时则改用阿拉伯数字，如："1992年第2期"，不写作"1992年第二期"。

相邻的两个数字并列连用表示概数，必须使用汉字，连用的两个数字之间不得用"、"隔开，如：四十五六岁、三四天、七八十种、一两个小时、五六万套。

带有“几”字的数字表示约数，必须使用汉字。如：十几年、一百几十次、几十万分之一。

用“多”“余”“左右”“上下”“约”等字表示约数，一般用汉字，如果是具有统计和比较意义的一组数字，其中既有精确数字，也有用“多”“余”等表示的约数时，为保持局部一致，其约数也可以使用阿拉伯数字。如：共选送摄影作品60多幅、书画作品16幅，其中有10余项作品获奖。

朝代纪年、农历月日、星期，如：清光绪三年、农历三月十五日、星期六。

位于定型的词、词组、成语、习惯用语、诗词、古文中的数字，缩略语或具有修饰色彩的词语中作为语素的数字，如“五四”运动、一系列。

整数一至十，如果不是出现在具有统计意义的一组数字中，可以用汉字，但要照顾上下文，保持局部一致。如：一个人、三本书、六条意见。

含有月、日简称表示事件、节日和其他意义的词组。涉及一月、十一月、十二月，应用间隔号“·”，将表示月和日的数字隔开，并加引号，避免歧义，如：“一·二八”事变、“一二·九”运动；涉及其他月份时，不用间隔号，是否加引号，视事件知名度而定，如：五卅运动、“五二〇”声明。对现代、当代事件，可使用约定俗成的阿拉伯数字表示法，如：“5·12”汶川特大地震、“4·20”专案组等。

第二十三条 全书行文和图表中的数字一律不分节，如

“5678.33 万元”，小数点前不采用三位数分节法；有小数位的，小数点后只保留两位，如 5678.33，小数点后的末位为“0”的，应删去“0”，只保留一位，如：5678.30 应表述为 5678.3。

五位数以上（含五位数）的多位数，在行文中一般改写为以万、亿作单位的数，但不能以十、百、千、十万、百万、千万、十亿、百亿、千亿作单位（千克、千米、千瓦等法定计量单位不在此列），原则上，小数点后根据四舍五入原则保留两位，如：“13500 公里”写作“1.35 万公里”，不能写作“1 万 3 千 5 百公里”；“123456 元”写作“12.35 万元”。

同一图、表中，小数点后保留位数原则上应相同。

第二十四条　本《通则》未提及的数字用法，应以国家质量监督检验检疫总局 2011 年发布的中华人民共和国国家标准《出版物上数字用法》为准。

第七章　计量单位

第二十五条　计量单位采用国务院 1984 年 2 月发布的中华人民共和国法定计量单位。历史上使用的计量单位，如斗、石、里、尺、磅、华氏度等在引文时可照录，但以类目为单位首次出现时应加注。

第二十六条　行文中除摄氏度（℃）、角分（′）、角秒（″）外，其余计量单位一律使用汉字而不用单位符号，如：“68 公里”不写作“68km”。

在必须载录的公式中，计量单位可使用符号。

表示某一范围的数量，数字后均要有量词。如：150 米～200 米，6℃～12℃，2500 元～3000 元。

第八章　注释、引文

第二十七条　行文中的注释一律采用页下注（即脚注），每页单排，顺序编号采用注码①、②、③……，不编通码。

第二十八条　引文要忠实于原文，不得随意改动。衍文和明显的错别字加圆括号“（）”，改正和增补的字加方括号“［］”，残缺的字则用“□”填充，缺多少字就填多少个“□”。

第二十九条　引文必须注明出处，注释应要素齐备，便于读者核查原文。引自书籍者，注明作者（编者）姓名、书名、卷次、页码、出版单位、出版时间。如：“列宁：《新生的中国》，见《列宁全集》，中文 2 版，第 22 卷，208 页，北京人民出版社，1990 年。”

引自报刊者，必须注明作者姓名、文章标题、报刊名称、年月日或期数，如：“李四光：《地壳构造与地壳运动》，载《中国科学》，1973（4），400 页～429 页。”

引用网上资料，要注明网站（网址）、标题、作者（编者）、下载时间。

第三十条　尽量引用原著，一般不用转引。如确需转引，须准确引用，并说明转引自何处。

第三十一条 引用原文需加引号，转述大意不加引号。

第九章 图、照、表

第三十二条 图、照、表应做到精（精心设计）、准（准确细致）、简（简明具体）、清（清晰整洁）。选用图、照应注重文献价值，突出时代特色和本镇特点。

如引用资料的图、表，最后全书将统一标注来源，不单一标明；如由资料等制得的图、表，在图或表下标明如下文字：“由……整理而得”。

第三十三条 图、照、表应统一标明编码序号，用两位阿拉伯数字表示层次，中间用连接号“-”隔开。第一个数字为类目的序号，第二个为图、照、表的序号。如第五个类目中的第 10 张表，可表述为“表 5-10”。

第三十四条 图包括地图、函数曲线图、结构图、示意图等，要求要素齐全、内容清晰，一般要求电脑制作。

图应包括画面、图片文字说明两部分，图片文字说明包括图名等几种形式。照片应主题明确，图像清晰，注明时间、地点、事物、需要说明的人物的位置及时任职务，无广告色彩。书于图下居中，前标序号，必要时在图题后括注绘制时间。如“图 1-3 明张介宾《景岳全书》书影”；“图 2-2 清代的 ×× 镇集市”；“图 4-1……摄于（时间、地点）”等。各篇所选（制）的图稿应随文附图。

第三十五条　表包括统计表、类目表，要求归类得当、类目明确、数据准确。

表一般包括表名、表体两部分，表名应包括时间、单位名（或地名）、事项等要素，书于表体上面居中，前标序号，如“表 1-3　1937 年～ 1947 年 ×× 镇土地面积统计表”。表体中计量单位如相同，则在表的右上角书写计量单位；如各栏单位不同，则在表内单位栏中分别标注。表身上下边用粗线，左右边不用线，分栏线用细线。表体中空白表示缺资料（应有而未有），一字线“—”表示没有数据发生或数据为零，符号“…”表示有数据但未达到计算单位要求的最低点。

表应尽量完整排列于一页之内或先双后单两页中；如转页续表，表内横目不能省略，且在表体上面左侧注明“（续表 ×-×）”字样。

第三十六条　照片包括黑白照片和彩色照片，每张照片均须有简洁文字说明，并标明序号，图随文走。地图应报该镇所在省测绘局审核，并取得审图号，标注于地图左下角。

第十章　送审要求

第三十七条　送审稿需提交纸质打印稿一份，用 A4 纸单页打印，页面上空 5 厘米，下、左、右各空 3 厘米。在左边装订。同时还需上报载有相关内容（word 版本）的光盘两张。

第三十八条　送审稿封面标书名，然后排编纂人员名单、目录和正文。

第三十九条　排版顺序：

（一）封面

卷名排初号魏碑体。

（二）编纂人员名单

编纂分工排四号黑体，编纂人员名字排四号宋体。

（三）目录

“目录”两字排一号宋体，字间空2个字位（即空两格）；类目级排小四号黑体；分目以下目录排小四号宋体。

（四）正文

小四号宋体。

第四十条　正文标题：

一级标题（类目）：二号黑体，居中，占一页。标题若为2个字则字间空2个字位（即空两格），3个字则字间空1个字位，3个字以上不空位。

二级标题（分目）：三号黑体，页首居中，占一行，上下各空一行。标题文字间空位办法同上。

三级标题（条目）：四号黑体，居左，与正文接排。

第四十一条　图片：

（一）图片存储文件大小在1M以上，文件格式为*.tif或*.jpg。

电子稿件如因文件较大，存储介质以DVD-ROM光盘为主，盘内文件名务必为该图的图说。

电子稿件务必以类目、分目、子目为文件夹存储。

植入 word 文件内的图片不利于印刷，视为无效文件。

提供一幅具有代表性的本镇图片用于封面设计，图片存储文件大小在 3M 以上。

提供一幅本镇地图电子版，以 .ai 或 .cdr 格式保存。

第四十二条　表格：

表题：四号黑体，置于表上方，居中。

表序号：五号宋体，置于表的左上方，左空 1 个字位。

表文（栏目）：五号黑体。

表内文字、数据：五号宋体，数据个位对齐，文字左边对齐或居中（可根据美观统一的原则进行微调）。

表注或文字说明：五号楷体，置于表下。

第四十三条　正文和目录分别编写页码。

第四十四条　送审稿要求达到齐、清、定。

齐：志稿正文（包括图、照、表）、辅文（包括目录等）均齐全无缺。

清：文稿各部分均符合《通则》要求，规范、清晰。

定：送审稿必须有该镇志主编签名和审核单位公章，以示负责。

第十一章　附则

第四十五条　本《通则》解释权归中国名镇志丛书编纂委员会办公室。

第四十六条　本《通则》自公布之日起实行。

中国名村志丛书编纂规范 *

第一章　总则

第一条　为规范中国名村志丛书收入各志编写，根据国家有关规定，结合本丛书编纂实际，制定本编纂规范（以下简称《规范》）。

第二条　志书使用记述体，以现代语体文表述。要求文风严谨、朴实、简洁，可读性强，行文流畅，内容表述准确、清楚。文字、标点、专有名词、术语、时间、数字、计量单位、注释、引文、图照表等使用精确。

第二章　标题、目录

第三条　全志按类目、分目、条目三个层次排列。类目、分目、条目标题前不加序号，条目以下不设标题。

第四条　各志目录编到“条目”一级。

* 本编纂规范部分条款在实际出版工作中有变动，请以实际出版规范为准。

第三章 文字、标点

第五条 除特殊情况必须使用繁体字外，一律使用规范汉字，以《现代汉语通用字表》和1986年10月国家语言文字工作委员会发布的《简化字总表》为准。个别冷僻字加注音。异体词用法参照2002年3月31日教育部、国家语言文字工作委员会发布的《第一批异体词整理表》（试行）。

第六条 外文字母一律按印刷体书写，易混淆时须注明语种（如法文、英文等）。

第七条 标点符号按国家技术监督局2011年批准的中华人民共和国国家标准《标点符号用法》（GB/T 15834—2011）使用。

连接号的使用：表示相关项目（如时间、地域等）一般用一字线“—”连接，如“1991—1992年”“北京—上海”，但前后时间单位不对等的用“至”，如“1978年2月至1985年4月”。表示数值的范围，用浪纹连接号“～”，如“30～50米”“30万～50万米”“20%～30%”“15～30℃”。表示化合物名称、表格插图编号、复合名词、产品型号等，中间用占半个字位的短横线“-”连接，如“表1-1”“吐鲁番-哈密盆地”“WZ-10直升机”“让-雅克·卢梭”“盎格鲁-撒克逊人”。

第四章 专有名词、术语

第八条 较长的专有名词（如文件、会议、公报、组织机构名称等）多次出现，在第一次出现时必须使用全称，并括注简称，再次出现时可用简称。

第九条 简称必须规范。如“中国共产党第十一届中央委员会第三次全体会议”简称“中共十一届三中全会”，不简称“三中全会”或“十一届三中全会”；“中共中央”不简称“党中央”；“中共十五大”不简称“党的十五大”或“十五大”；“加入世界贸易组织”，不简称“入世”。

第十条 特定政治术语应按国家规定规范表述，如：“大跃进”，“文化大革命”，“三个代表”重要思想，“三个有利于”，“两手抓、两手都要硬”，“一个中心、两个基本点”，“左”的错误。

第十一条 涉及台湾地区的所谓政府机构，均须加引号，如“行政院”。对台湾当局以所谓“国家”“中央”“全国”名义设立的官方机构中官员的职务名称，对台湾当局及其所属机构的法规性文件与各式官方文书等，对具有“台独”性质的组织和政治术语等，均应加引号。

第十二条 记述各个历史时期的朝代、行政机构、党派团体、官职、地名等，一律采用当时称谓。古地名在第一次出现时应括注今地名。

第十三条 外国地名、人名、党派、政府机构、报刊、书籍等译名，均以新华社译名或专业工具书通用译名为准。鲜为人知的专名，需括注外文原名。

第十四条 人物一律直书其姓名，不加“先生”“同志”等称呼，也不加褒贬之词。必须说明身份时可冠以职务职称，如“市长 ×××”。

第十五条 站在第三人称角度表述，不用“我 ×”之类的词语。

第十六条 除中发、国发文件外，引用文件一般不加引文号，如文件名称不宜公开，可写“根据有关规定”。

第十七条 专业术语的使用务求规范、准确，一般以各专业辞典正条为准。

第十八条 地名应使用各级政府审定的标准地名。

第十九条 跨区域的山脉、河流、湖泊、水库、公路、铁路、航线、文物古迹、重大事件等，其名称和数据以国家有关部门公布的为准。

第二十条 生物、矿物名称使用中文标准学名；记述自然资源时涉及某生物名称的，首次出现采用二名法并括注该生物俗名。

第五章 时间表述

第二十一条 不得使用“今年”“去年”“近年”之类的代词，也不用“现在”“最近”“目前”等时间概念模糊词。

第二十二条 以朝代纪年的必须括注公元纪年，括注的公元纪年不用加“年”，如“康熙八年（1669）”。

自中华民国成立后的纪年均使用公元纪年。

公历年代的时间使用阿拉伯数字书写，如20世纪90年代、1998年6月。

第二十三条　人物生卒年之间使用一字线“—”，如“鲁迅（1881—1936）”。

第二十四条　年份不能简称，如：“1991年”不能写作“91年”，“1992—1994年”不能写作“1992—94年”。

第二十五条　志中所称“解放前（后）”，以当地解放日为界；“新中国成立前（后）”以中华人民共和国成立日1949年10月1日为界；“改革开放前（后）”，以中共十一届三中全会召开的1978年12月为界。

第六章　数字

第二十六条　数字用法执行国家技术监督局2011年11月1日批准开始实施的《出版物上数字用法》的规定（GB/T 15835—2011）。

第二十七条　统计数据的使用符合国家统计法律法规有关规定，数据的定义、含义、统计口径和计算方法等清楚、准确，不错用、滥用。

第二十八条　全书行文和图表中的数字一律不分节，如1234万元；有小数位的，小数点后根据四舍五入只保留两位，如1234.56万元。五位数以上（含五位数）的多位数，在行文中一般改写为以万、亿作单位的数，但不能以十、百、千、十万、百万、千万、十亿、百亿、千亿作单位（千克、千米、千瓦等法定计量单位不在此列）。同一图、表中，小数点后保留位数原则上应相同。

第二十九条 下列情况应当使用阿拉伯数字：

1．表示公历世纪、年代、年、月、日、时、分、秒，如：20世纪80年代，1995年7月1日，8时30分20秒。

2．表示年龄，如：60岁。

3．表示统计数字、倍数、百分比，如：150千克、3倍、12％。

4．表示温度、功率等物理量，如：30℃、25瓦。

5．表示地理经纬度，先记述纬度，后记述经度，如：北纬111° 7'39"，东经113° 7'39"。

6．引文标注中的版次、卷次、页码，如：l981年第l版第1卷第70页。

7．部队番号、证件号码、产品型号和其他序号、代号、代码，如：84026部队、国家标准GB 2312—80、国内统一刊号CN11—1399、HP-3000型电子计算机。

第三十条 下列情况应使用汉语数字：

（一）表示序数，如第一章、第二名。但与阿拉伯数字连用时则改用阿拉伯数字，如："1992年第2期"，不写作"1992年第二期"。

（二）相邻的两个数字并列连用表示概数，必须使用汉字，连用的两个数字之间不得用"、"隔开，如：四十五六岁、三四天、七八十种、一两个小时、五六万套。

（三）带有“几”字的数字表示约数，必须使用汉字。如：十几年、一百几十次、几十万分之一。

（四）用“多”“余”“左右”“上下”“约”等字表示的约数，一般用汉字。如果是具有统计和比较意义的一组数字，其中既有精确数字，也有用“多”“余”等表示的约数时，为保持局部一致，其约数也可以使用阿拉伯数字。如：共选送摄影作品 60 多幅、书画作品 16 幅，其中有 l0 余项作品获奖。

（五）朝代纪年、农历月日、星期，如：清光绪三年、农历三月十五日、星期六。

（六）位于定型的词、词组、成语、习惯用语、诗词、古文中的数字，缩略语或具有修饰色彩的词语中作为语素的数字，如：五四运动、一系列。

（七）整数一至十，如果不是出现在具有统计意义的一组数字中，可以用汉字，如：一个人、三本书、六条意见。但要照顾上下文，保持局部一致。

（八）含有月、日简称表示事件、节日和其他意义的词组。涉及一月、十一月、十二月，应用间隔号“·”，将表示月和日的数字隔开，并加引号，避免歧义，如：“一·二八”事变、“一二·九”运动；涉及其他月份时，不用间隔号，是否加引号，视事件知名度而定，如：五卅运动、“五二〇”声明。对现代、当代事件，可使用约定俗成的阿拉伯数字表示法，如：“5·12”汶川特大地震、“4·20”专案组等。

第七章　计量单位

第三十一条　采用国务院1984年2月发布的中华人民共和国法定计量单位。历史上使用的计量单位，如斗、石、里、尺、磅、华氏度等在引文时可照录，但以类目为单位首次出现时应加注。

第三十二条　行文中除摄氏度（℃）、角度（°）、角分（′）、角秒（″）外，其余计量单位一律使用中文单位，如："68千米"不写作"68km"。

第三十三条　在必须载录的公式中，计量单位可使用符号。

第八章　注释、引文

第三十四条　注释必须符合学术规范，要素齐全，便于查找原文。行文中的注释一律采用当页下脚注，每页单排，顺序编号采用注码①、②、③……，不编通码。

第三十五条　引文要忠实于原文，不得随意改动。衍文和明显的错别字加圆括号"（ ）"，改正和增补的字加方括号"[]"，残缺的字则用"□"充填，缺多少字就填多少个"□"。

第三十六条　引文必须注明出处，便于读者查核原文。引自书籍者，注明作者（编者）姓名、书名、卷次、页码、出版单位、出版时间。如："列宁：《新生的中国》，见《列宁全集》，中文2版，第22卷，208页，北京人民出版社，

1990。”引自报刊者，必须注明作者姓名、文章标题、报刊名称、年月日或期数，如：“李四光：《地壳构造与地壳运动》，载《中国科学》，l973(4)，400～429页。”引用网上资料，要注明网站（网址）、标题、作者（编者）、下载时间。

第三十七条 尽量引用原著，一般不用转引。如确需转引，须准确引用，并说明转引自何处。引用原文需加引号，转述大意不加引号。引文繁体字应改成简体字。

第九章 图照

第三十八条 图照均应有准确精练的文字说明，时间、地点、事物、活动内容等要素齐全。照片中需要说明的人物，在图注文字中写清人物的位置。

第三十九条 图应有图序号，志中各图统一排序。

第四十条 涉及党和国家领导人的照片，应严格执行送审制度。

第四十一条 含有国界和省界、市县界、乡镇村界的地图应严格履行测绘部门的报批手续，并取得审图号，标注于地图右下角。

第十章 表格

第四十二条 表格统一采用开放式，不加表两侧的“墙线”和表头以下的“横栏线”。

第四十三条 表格要有表序号，志中各表统一排序。

第四十四条 表格可根据需要合理安排单栏表、双栏表、三栏表。必须转页续表的，表头和横表项、纵表项不能省略，左上角标“【续表】”加表序。版面不够连续续表的，应标“【续表一】”“【续表二】”……

第十一章 送审要求

第四十五条 送审稿需提交纸质打印稿一份，用 A4 纸单页打印。页面上空 5 厘米，下、左、右各空 3 厘米。在左边装订。同时还需上报载有相关内容（word 版本）的光盘两张。

第四十六条 送审稿封面标书名，然后排编纂人员名单、目录和正文。

第四十七条 排版顺序：

（一）封面

卷名排初号魏碑体。

（二）编纂人员名单

编纂分工排四号黑体，编纂人员名字排四号宋体。

（三）目录

“目录”两字排一号宋体，字间空 2 个字位（即空两格）；类目级排小四号黑体；分目以下目录排小四号宋体。

（四）正文

小四号宋体。

第四十八条　正文标题：

一级标题（类目）：二号黑体，居中，占一页。标题若为 2 个字则字间空 2 个字位（即空两格），3 个字则字间空 1 个字位，3 个字以上不空位。

二级标题（分目）：三号黑体，页首居中，占一行，上下各空一行。标题文字间空位办法同上。

三级标题（条目）：四号黑体，居左，与正文接排。

第四十九条　图片：

（一）图片存储文件大小在 1M 以上，文件格式为 *. tif 或 *. jpg。全志图片务必以类目、分目、子目为文件夹存储，并单独以 DVD-ROM 光盘或 U 盘保存。

植入书稿内（WORD 文件）的图片不利于印刷，视为无效文件。

（二）每部志书必须提供一幅具有代表性的本村图片用于封面设计，图片存储文件大小在 3M 以上。

（三）提供一幅本村地图电子版，以 . ai 或 . cdr 格式保存。

第五十条　表格：

表题：四号黑体，置于表上方，居中。

表序号：五号宋体，置于表的左上方，左空 1 个字位。

表文（栏目）：五号黑体。

表内文字、数据：五号宋体，数据个位对齐，文字左边对齐或居中（可根据美观统一的原则进行微调）。

表注或文字说明：五号楷体，置于表下。

第五十一条 正文和目录分别编写页码。

第五十二条 送审稿要求达到齐、清、定。

齐：志稿正文（包括图、照、表）、辅文（包括目录等）均齐全无缺。

清：文稿各部分均符合《中国名村志丛书编纂规范》要求，规范、清晰。

定：送审稿必须有该村志主编签名和审核单位公章以及省级地方志工作机构的终审意见，以示负责。

第十二章 附则

第五十三条 本《规范》由中国名村志文化工程办公室负责解释。

第五十四条 本《规范》自公布之日起实行。

威海市环翠区基层志
编纂行文规范

第一章　总则

第一条　为规范威海市环翠区基层志丛书编写，根据国家有关规定，结合基层志丛书编纂实际，制定本编纂行文规范（以下简称《行文规范》）。

第二条　志书使用记述体，以现代语体文表述。要求文风严谨、朴实、简洁，可读性强，行文流畅，内容表述准确、清楚。文字、标点、专有名词、术语、时间、数字、计量单位、注释、引文、图照表等使用精确。

第二章　标题、目录

第三条　镇（街道）志和行业（部门）志按编、章、节、目层级排列；村（社区）志按章、节、目层级排列。各层级标题前不加序号。

第四条　各志目录编到“节”一级。

第三章　文字、标点

第五条　除特殊情况必须使用繁体字外，一律使用规范汉字，以《现代汉语通用字表》和1986年10月国家语言文字工作委员会发布的《简化字总表》为准。个别冷僻字加注音。异体词用法参照2002年3月31日教育部、国家语言文字工作委员会发布的《第一批异体词整理表》（试行）。

第六条 外文字母一律按印刷体书写，易混淆时须注明语种（如法文、英文等）。

第七条 标点符号按国家技术监督局2011年批准的中华人民共和国国家标准《标点符号用法》（GB/T 15834—2011）使用。

连接号的使用：表示相关项目（如时间、地域等）一般用一字线"—"连接，如"1991—1992年""北京—上海"，但前后时间单位不对等的用"至"，如"1978年2月至1985年4月3日"。表示数值的范围，用浪纹连接号"～"，如"30～50米""30万～50万米""20%～30%""15℃～30℃"。表示化合物名称、表格插图编号、复合名词、产品型号等，中间用占半个字位的短横线"-"连接，如"表1-1""吐鲁番-哈密盆地""WZ-10直升机""让-雅克·卢梭""盎格鲁-撒克逊人"。

第四章　专有名词、术语

第八条 较长的专有名词（如文件、会议、公报、组织机构名称等）多次出现，在第一次出现时必须使用全称，并括注简称，再次出现时可用简称。

第九条 简称必须规范。如“中国共产党第十一届中央委员会第三次全体会议”简称“中共十一届三中全会”，不简称“三中全会”或“十一届三中全会”；“中共中央”不简称“党中央”；“中共十五大”不简称“党的十五大”或“十五大”；“加入世界贸易组织”不简称“入世”。

第十条 特定政治术语应按国家规定规范表述，如：“大跃进”，“文化大革命”，“三个代表”重要思想，“三个有利于”，“两手抓、两手都要硬”，“一个中心、两个基本点”，“左”的错误。

第十一条 涉及台湾地区的所谓政府机构，均须加引号，如“行政院”。对台湾当局以所谓“国家”“中央”“全国”名义设立的官方机构中官员的职务名称，对台湾当局及其所属机构的法规性文件与各式官方文书等，对具有“台独”性质的组织和政治术语等，均应加引号。

第十二条 记述各个历史时期的朝代、行政机构、党派团体、官职、地名等，一律采用当时称谓。古地名在第一次出现时应括注今地名。

第十三条 外国地名、人名、党派、政府机构、报刊、书籍等译名，均以新华社译名或专业工具书通用译名为准。鲜为人知的专名，需括注外文原名。

第十四条 人物一律直书其姓名，不加“先生”“同志”等称呼，也不加褒贬之词。必须说明身份时可冠以职务职称，如“市长×××”。

第十五条 站在第三人称角度表述，不用“我×”之类的第一人称词语。

第十六条　除中发、国发文件外，引用文件一般不加引文号，如文件名称不宜公开，可写“根据有关规定”。

第十七条　专业术语的使用务求规范、准确，一般以各专业辞典正条为准。

第十八条　地名应使用各级政府审定的标准地名。

第十九条　跨区域的山脉、河流、湖泊、水库、公路、铁路、航线、文物古迹、重大事件等，其名称和数据以国家有关部门公布的为准。

第二十条　生物、矿物名称使用中文标准学名；记述自然资源时涉及某生物名称的，首次出现采用二名法并括注该生物俗名。

第五章　时间表述

第二十一条　不得使用“今年”“去年”之类的代词，也不用“现在”“最近”“目前”“近年”等时间概念模糊的词。

第二十二条　以朝代纪年的必须括注公元纪年，括注的公元纪年不用加“年”，如“康熙八年（1669）”。

自中华民国成立后的纪年均使用公元纪年。中华民国成立后至中华人民共和国成立前的纪年，大事记须在公元纪年后括注民国纪年，行文中一般不在公元纪年后括注民国纪年，如“1938 年（民国二十七年）”。

公历年代的时间使用阿拉伯数字书写，如 20 世纪 90 年代、1998 年 6 月。

第二十三条　人物生卒年之间使用一字线“—”，如“鲁迅（1881—1936）”。

第二十四条　年份不能简称，如：“1991 年”不能写作“91 年”，“1992—1994 年”不能写作“1992—94 年”。

第二十五条　志中所称“解放前（后）”，以威海卫解放日为界，威海卫解放的时间是 1945 年 8 月 16 日；“新中国成立前（后）”以中华人民共和国成立日 1949 年 10 月 1 日为界；“改革开放前（后）”，以中共十一届三中全会召开的 1978 年 12 月为界。

第六章　数字

第二十六条　数字用法执行国家技术监督局 2011 年 11 月 1 日批准开始实施的《出版物上数字用法》的规定（GB/T 15835—2011）。

第二十七条　统计数据的使用符合国家统计法律法规有关规定，数据的定义、含义、统计口径和计算方法等清楚、准确，不错用、滥用。

第二十八条　全书行文和图表中的数字一律不分节，如 1234 万元；有小数位的，小数点后根据四舍五入只保留两位，如 1234.56 万元。五位数以上（含五位数）的多位数，在行文中一般改写为以万、亿作单位的数，但不能以十、百、千、十万、百万、千万、十亿、百亿、千亿作单位（千克、千米、千瓦等法定计量单位不在此列）。同一图、表中，小数点后保留位数原则上应相同。

第二十九条 下列情况应当使用阿拉伯数字：

1．表示公历世纪、年代、年、月、日、时、分、秒，如：20 世纪 80 年代，1995 年 7 月 1 日，8 时 30 分 20 秒。

2．表示年龄，如：60 岁。

3．表示统计数字、倍数、百分比，如：150 千克、3 倍、12%。

4．表示温度、功率等物理量，如：30℃、25 瓦。

5．表示地理经纬度，先记述纬度，后记述经度，如：北纬 111° 7'39"，东经 113° 7'39"。

6．引文标注中的版次、卷次、页码，如：l981 年第 l 版第 1 卷第 70 页。

7．部队番号、证件号码、产品型号和其他序号、代号、代码，如：84026 部队、国家标准 GB 2312—80、国内统一刊号 CN11—1399、HP-3000 型电子计算机。

第三十条 下列情况应使用汉语数字：

（一）表示序数，如第一章、第二名。但与阿拉伯数字连用时则改用阿拉伯数字，如：“1992 年第 2 期”，不写作“1992 年第二期”。

（二）相邻的两个数字并列连用表示概数，必须使用汉字，连用的两个数字之间不得用“、”隔开，如：四十五六岁、三四天、七八十种、一两个小时、五六万套。

（三）带有“几”字的数字表示约数，必须使用汉字。如：十几年、一百几十次、几十万分之一。

（四）用“多”“余”“左右”“上下”“约”等字表示的约数，一般用汉字。如果是具有统计和比较意义的一组数字，其中既有精确数字，也有用“多”“余”等表示的约数时，为保持局部一致，其约数也可以使用阿拉伯数字。如：共选送摄影作品60多幅、书画作品16幅，其中有l0余项作品获奖。

（五）朝代纪年、农历月日、星期，如：清光绪三年、农历三月十五日、星期六。

（六）位于定型的词、词组、成语、习惯用语、诗词、古文中的数字，缩略语或具有修饰色彩的词语中作为语素的数字，如：五四运动、一系列。

（七）整数一至十，如果不是出现在具有统计意义的一组数字中，可以用汉字，如：一个人、三本书、六条意见。但要照顾上下文，保持局部一致。

（八）含有月、日简称表示事件、节日和其他意义的词组。涉及一月、十一月、十二月，应用间隔号“·”，将表示月和日的数字隔开，并加引号，避免歧义，如：“一·二八”事变、“一二·九”运动；涉及其他月份时，不用间隔号，是否加引号，视事件知名度而定，如：五卅运动、“五二〇”声明。对现代、当代事件，可使用约定俗成的阿拉伯数字表示法，如：“5·12”汶川特大地震、“4·20”专案组等。

第七章　计量单位

第三十一条　采用国务院1984年2月发布的中华人民共和国法定计量单位。历史上使用的计量单位，如斗、石、里、尺、磅、华氏度等在引文时可照录，但镇（街道）志和行业（部门）志以编为单位、村（社区）志以章为单位首次出现时应加注。

第三十二条　行文中除摄氏度（℃）、角度（°）、角分（'）、角秒（"）外，其余计量单位一律使用中文单位，如：“68千米”不写作“68km”。

第三十三条　在必须载录的公式中，计量单位可使用符号。

第八章　注释、引文

第三十四条　注释必须符合学术规范，要素齐全，便于查找原文。行文中的注释一律采用当页下脚注，每页单排，顺序编号采用注码①、②、③……，不编通码。

第三十五条　引文要忠实于原文，不得随意改动。衍文和明显的错别字加圆括号“（）”，改正和增补的字加方括号“[]”，残缺的字则用“□”充填，缺多少字就填多少个“□”。

第三十六条　引文必须注明出处，便于读者查核原文。

引自书籍者，注明作者（编者）姓名、书名、卷次、页码、出版单位、出版时间。如:“列宁:《新生的中国》，见《列宁全集》，中文2版，第22卷，208页，北京人民出版社，1990。”引自报刊者，必须注明作者姓名、文章标题、报刊名称、年月日或期数，如：“李四光：《地壳构造与地壳运动》，载《中国科学》，l973(4)，400 ～ 429页。”引用网上资料，要注明网站（网址）、标题、作者（编者）、下载时间。

第三十七条 尽量引用原著，一般不用转引。如确需转引，须准确引用，并说明转引自何处。引用原文需加引号，转述大意不加引号。引文繁体字应改成简体字。

第九章 图照

第三十八条 图照均应有准确精练的文字说明，时间、地点、事物、活动内容等要素齐全。照片中需要说明的人物，在图注文字中写清人物的位置。照片有确切的拍摄者和摄影时间须在文字说明后注明。

第三十九条 图应有图序号，志中各图统一排序。

第四十条 涉及党和国家领导人的照片，应严格执行送审制度。

第四十一条 含有国界和省界、市县界、乡镇村界的地图应严格履行测绘部门的报批手续，并取得审图号，标注于地图右下角。

第十章　表格

第四十二条　表格统一采用开放式，不加表两侧的“墙线”。

第四十三条　表格要有表序号，志中各表统一排序。

第四十四条　表格可根据需要合理安排单栏表、双栏表、三栏表。必须转页续表的，表头和横表项、纵表项不能省略，左上角标“【续表】”加表序。版面不够连续续表的，应标“【续表一】”“【续表二】”……

第十一章　人物

第四十五条　人物传记遵循生不立传的原则，人物传记、人物简介、人物表均按生年排序。人物收录标准由各镇（街道）、行业（部门）、村（社区）根据实际需要自行确定，须在人物部分予以明确说明。

第十二章　无题概述

第四十六条　各编、章下须有概括本编、本章主要内容的无题概述。节下无题概述根据需要酌情设置。

第十三章 送审要求

第四十七条 送审稿需提交纸质打印稿和电子稿各1份。纸质稿用A4纸单页打印，页面上空5厘米，下、左、右各空3厘米，在左边装订；电子稿使用word版本，同时还需上报载有相关内容的光盘2张。

第四十八条 送审稿封面标书名，然后排编纂人员名单、目录和正文。

第四十九条 排版顺序：

（一）封面

志书名称排初号魏碑体，文字须中、英文对照。

（二）编纂人员名单

编纂分工排四号黑体，编纂人员名字排四号宋体。

（三）目录

“目录”两字居中排一号宋体，字间空2个字位（即空两格）；编排三号黑体，章排四号黑体，节排四号宋体。

（四）正文

四号宋体。

第五十条 正文标题：

镇（街道）志和行业（部门）志的“编”、村（社区）志的“章”（一级标题）：一号黑体，居中，占一页。标题若为2个字则字间空2个字位（即空两格），3个字则字间空1个字位，3个字以上不空位。

镇（街道）志和行业（部门）志的“章”、村（社区）志的“节”（二级标题）：二号黑体，页首居中，占一行，上下各空一行。标题文字间空位办法同上。

镇（街道）志和行业（部门）志的“节”（三级标题）：三号宋体，居中，占一行，上下各空一行。标题文字间空位办法同上。

目题：四号黑体，居左，占一行。次级目为四号楷体，居左，与正文接排。

第五十一条 图片：

（一）图片存储文件大小在1M以上，文件格式为*.tif或*.jpg。全志图片务必以编、章、节、目为文件夹存储，并单独以DVD-ROM光盘或U盘保存。

植入书稿内（word文件）的图片不利于印刷，视为无效文件。但提交的纸质打印稿须随文附图片，以明确图片的插入位置。

（二）每部志书必须提供一幅具有代表性的本镇（街道）、行业（部门）、村（社区）图片用于封面设计，图片存储文件大小在3M以上。

（三）提供一幅本镇（街道）、村（社区）地图电子版，以.ai或.cdr格式保存。

第五十二条 表格：

表题：四号黑体，置于表上方，居中。

表序号：五号宋体，置于表的左上方，左空1个字位。

表文（栏目）：五号黑体。

表内文字、数据：五号宋体，数据个位对齐，文字左边对齐或居中（可根据美观统一的原则进行微调）。

表注或文字说明：五号楷体，置于表下。

第五十三条 正文和目录分别编写页码。

第五十四条 送审稿要求达到齐、清、定。

齐：志稿正文（包括图、照、表）、辅文（包括目录等）均齐全无缺。

清：文稿各部分均符合《威海市环翠区基层志编纂行文规范》要求，规范、清晰。

定：送审稿必须有该镇（街道）志、行业（部门）志、村（社区）志主编签名和审核单位公章，以示负责。

第十三章 附则

第五十五条 本《行文规范》由威海市环翠区地方史志办公室负责解释。

第五十六条 本《行文规范》自公布之日起实行。

第三部分　史志知识

编修镇、村志的作用和意义

镇志或村志是以某个镇或行政村（自然村）为记述范围，全面系统地记述该镇或行政村（自然村）区域内的自然、政治、经济、文化和社会的历史与现状的资料性文献。镇志和村志是地方志书的重要组成部分，是省、市、县三级地方志书的延伸和补充。它以基层行政单位为记述对象，全面盘点镇、村地理、历史、经济、风俗、文化、教育、物产、人物等方面的状况。编修好乡镇志和村志，对于保存、传承和利用珍贵的乡村历史文化遗产，具有积极重要的意义。一部好的镇志或村志所具有的特殊的历史价值、文化价值和学术价值，是其他书籍不可替代的。

镇志和村志具有存史、资治、育人三大功能。编修镇、村志是一项功在当代、惠泽后世的重要工作。志书是考察一地地情的工具书，镇志和村志可帮助地方官员和各界人士及后世子孙了解该镇、村的山川地貌、风土人情和人文历史，既能为各级政府和领导者决策提供可靠的历史文献资料，又能为社会各阶层和广大群众提供各自所需的文献材料。旧时，地方官上任前都要阅读当地的志书，以了解该地的政治、经济、文化和社会等方面的情况。战争年代，每解放一个县城，毛泽东主席常常要找当地的县志看，以了解当地的山川地貌、风土人情和人文历史。1958 年成都会议期间，毛泽东不但自己调阅了大量的四川方志，还辑选了部分方志推荐给到会的领导，提倡利用方志提高领导水平。当代，很多中央领导到地方考察都要先查阅地方志。习近平在福建宁德视察时就说过："我来宁德的第一件事，就是要看府志、县志。要马上了解一个地方的重要情况，就要了解它的历史。了解历史的可靠的方法就是看志，这是我的一个习惯。过去，我无论走到哪里，第一件事就是要看地方志，这样做，可以较快地了解到一个地方的山川地貌、乡情民俗、名流商贾、桑麻农事，可以从中把握很多带有规律性的东西。"2014 年 2 月 25 日，习近平在北京市考察工作时指示，要高度重视修史修志，让文物说话，把历史智慧告诉人们。

镇志和村志是一项十分重要的乡村文化建设工程，是乡村地域文化的集大成者。作为一种文化软实力，对促进地方经济发展具有重要意义。无论是地方开发，吸引外资，还是发展与其他地区的全面关系等，往往都要对该地进行全方位的考察研究。一部好的镇、村志，作为乡村优秀文化的载体，全面真实地反映当地各方面的大文化状况、当地地域文化与其他地域不同之处和特色，呈现出该地域强大的社会、经济发展效益和潜力，其交流功能是其他载体难以企及的。

随着社会变革和发展，编修村志和乡镇志现在已成为一项刻不容缓的重要工作，尤其是环翠区。一方面，由于经济和社会的发展，农村的中青年大量进城或外出务工、居住，农村留守的老人和儿童代沟明显，过去那种老年人讲述、年轻人倾听，口口相传村史的环境不复存在。另一方面，由于旧村改造、城镇建设和集体产权制度改革等，很多村落昔日田园相望的农村景象已被高楼大厦所替代，很多农村已改变成了社区，有的甚至整体搬迁异地，过去农村的生产、管理模式和生活习惯完全改变，难以看到旧有的痕迹。如：张村镇在旧村改造中，将皂南台、皂西台等5个村改为社区，集中安置，形成了皂河片生活区，将张村、姜南庄等8个村（社区）集中安置，形成了福泰生活区，过去村落自成、田园相间的自然景象荡然无存；孙家疃街道山东村由松顶山东麓整体搬迁至松顶山西麓，改为山东社区，名称虽仍用“山东”二字，但已名不副实。面对这些乡村巨变，编修村志已成为保存村落文明、留住乡愁的重要方式之一。如果我们现在不提高认识、抓紧时间进行村志编修，把各村的经济、文化等方方面面的发展历史记录下来、保留下来，随着那些知情老人的离世，很多村的历史会随着时间的推移而湮灭，不但难以激励子孙承上启下，继往开来，争取更大的成绩，也会使子孙后代失去现在所依存和将来所追寻的“根”。

镇志、村志与县志的异同

镇志和村志是省、市、县三级地方志书的延伸和补充，在体例上与县志大体相当，编纂时虽然可以借鉴县志，但由于镇、村自身的社会、经济、文化特点和面对的读者群体不同，不能完全照搬，应立足镇和村，在结构、内容和写法上体现出镇和村的特性。

那么，镇志、村志与县志有哪些异同之处呢？

在篇目结构上，县志篇目较为齐全，而镇志、村志有些篇目不存在，这是由于区（县）的社会门类较完整，而镇、村社会门类不完整所致，如环翠区，有的镇、村不存在海洋渔业，有的镇、村不存在海上交通运输和铁路交通运输业，有的镇、村没有检察院的派出机构，这些镇、村在篇目设计上就不能照搬县级志书，加上一些无关的篇目。

在内容和写法上，县志注重区（县）级层面的事物，所记录的大都是在县级层面上具有一定影响力的事物，概括性记述较多。而镇志、村志更加关注本镇、本村的事物，通过具体、典型的事例，重点记述鲜活的镇貌镇情和村貌村情，反映普通人的生活、情感，记述的面较县级志书要广，记述的事物较县级志书要细致，尤其是村志，最好能让每家每户都能从志书中找到关于自己的记述，使当地群众可以从镇志和村志中了解本镇、本村甚至本家庭的情况，从而激发起热爱自己家乡、建设自己家乡的情感。

镇、村志编修的基本程序

镇、村志从决定编修到出版发行，一般要经过的基本程序是：组成编纂委员会和编辑队伍，培训编辑人员和供稿人员，设计篇目，搜集和考证资料，编辑资料长编，编写初稿，初审志稿，召开评议会，送审志稿，审查验收志稿，出版发行，报送备案。

组成编纂委员会和编辑队伍

镇志编纂委员会通常由乡镇党委和政府领导班子成员，相关部门和单位的主要负责人，以及本区域内部分德高望重的老领导和社会知名人士组成；村志编纂委员会通常由村“两委”成员和本村德高望重的人员组成。编纂委员会负责对镇志、村志编修的组织领导和工作协调，负责对志稿内容的审查。编辑要选择对本镇、本村发展历史较为熟悉、具有较高文字驾驭能力、具备相应史志专业知识的人员，镇志编辑 5 ～ 10 人、村志编辑 3 ～ 5 人即可。编辑人员具体负责志书的资料搜集、考证、整理，负责志稿的编纂修订。

培训编辑人员和供稿人员

编辑队伍建立后，由于镇、村志的编辑及供稿人员一般是非史志专业人员，因此要对他们进行史志专业知识培训。培训可分为前期培训和后期培训两个阶段。前期培训一般通过召开培训会或举办培训班方式，聘请史志专业人员集中讲授史志编修知识，传授史志编修经验，带领编辑和供稿人员对已出版的志书进行具体分析点评，从而提高编辑和供稿人员的编修知识水平和能力。后期培训是指在志书编修过程中，通过史志专业人员对志稿中具体问题的针对性讲解和编辑的相互研讨，使编辑的编修能力和编修水平得到提高的过程。

设计篇目

编辑和供稿人员的前期培训结束后，镇、村志的编修便进入设计篇目、搜集和考证资料、编辑资料长编、编写初稿的具体编修过程中。篇目是整部志书的设计蓝图，是志书资料搜集的向导和编辑分工编写的依据，对志书的编修有着举足轻重的作用和意义，虽然在后期的志书编修过程中，篇目可以随着实际情况进行适当调整，但必须高度重视初期的篇目设计，以免在搜集和考证资料、编写初稿过程中走弯路和白费功夫。篇目设计时，一定要请对本乡镇、本村发展历史了解较为全面的领导、知情人和史志专业人员参与，做到篇目设计科学合理、不违背志书编写原则。

搜集和考证资料

篇目设计完成后，供稿人员应按篇目设计要求搜集和考证资料，编写供稿稿件；编辑人员在收到供稿人员的供稿和资料后，应按分工对所供稿件和资料进行进一步的考证（详见“史志知识·志书资料的征集与考证”）。

编辑资料长编

编辑人员完成对供稿和资料进一步考证后，应将所有资料汇集编写成资料长编，为下一步编写志书初稿打好基础（详见“史志知识·资料长编”）。

编写志书初稿

资料长编完成后，编辑人员即可进行志书初稿的编写（详见“史志知识·志书初稿的编写”）

初审志稿

志书初稿完成后，志书编修单位要对志稿进行初审和修订，形成评议稿。然后将评议稿报送相关领导、史志机构和各界的史志专家、学者，请他们对志稿进行审核。

召开评议会

志稿初审完成后，编修单位应组织召开评议会，交流评审意见和建议。

送审志稿

评议会后，编修单位要将各种评议意见和建议汇总，并根据这些意见和建议对志稿进行修改、补充，将完善后的送审稿报送上级史志部门审查。

出版发行与报送备案

通过审查后，方可将志稿送至出版社出版发行。

编修单位应当在志书出版后30日内向当地和上级人民政府史志工作机构报送样书和电子文本。

志书的体裁

体裁是文章的不同表现形式。地方志的体裁主要包括述、记、志、传、图、表、录、补、考、索引等。地方志以志为主，根据记述的需要综合运用各种体裁，是志书的一大特点。

述

述是记述一定区域发展变化概貌的述论结合文体，分为总述、概述、章下述、节下综合性条目（或无题述）等。

总述与概述是全书的总论，具有综合性、全局性、整体性的特点。

总述和概述的内容：一是纵论发展轨迹、事业更替演变，彰显成就绩效，肯定社会贡献；二是论述本地域的大势大略，探究发展潜力，寻己之长，避己之短，探求发展途径；三是阐述发展坎坷，总结经验教训，为后人提供借鉴，求训致用。

总述和概述的撰写方法：一是在充分解读志书内容的基础上，对全书内容进行选精提要、综合叙述，行文以叙为主，可夹叙夹议，切忌写成全书缩写或全书内容的简单重复；二是按照社会历史分期或事业发展阶段纵述发展脉络，或者分设专题阐述事业要端，这种方法要做到历史和逻辑的统一；三是以全面的视角，使用典型材料，突出志书的重点、特点、亮点。当代志书的总述和概述一般采用第一或第三种写法。

章下述、节下综合性条目（或无题述），对章或节的整体面貌和内在联系作简要记述。应高度概括，点到为止，避免与正文内容的简单重复。

记

记一般指大事记、专记与编后记。

大事记是对本域内发生的大事、要事、新事进行提要式的记述。大事记的原则之一是“大事要事必载、小事琐事不取”，撰写要点是紧紧围绕所要记述的对象，以时间为经，依时排序，一事一条，一事一记，切忌诸事混杂、记事重复。为保持事物的完整性，部分事物可采用纪事本末体，将事物的发端和结果及相关事项归于一条记述。大事记的时间、地点、人物等要素要齐全，文字要清晰、准确、简约。大事记排序的要求是：有年月而无日期者，排在当月大事之末；有年而无月日者，排在当年大事之末。大事记的时间应尽量精确到“日”，“日”不确切的尽量精确到“旬”，以此类推，“旬”不确切的再依次精确到“月”“上半年”“下半年”“年”。大事记作为志书内容的组成部分，应注意与正文“志”相匹配，特别要防止“记详志略、记有志无”现象的出现。大事记中作为大事收录的内容，在正文“志”的相关章节中也应有相应的记述，是“记”与“志”相辅相成，各有侧重，避免“记”“志”两张皮。大事记的位置放在总（概）述之后。

专记是对某一事件或事物的专题记述、详细记载，其体例为纪事本末体。因受志书篇目和内容的限制，志书正文有时对某一重大事件或专项事物不能详尽地记述，而这些事件或事物又具有特殊的重要性与影响力，可采用专记的形式，附于全志或有关章节之后，以补充正文。

编后记是附于书后的说明性文章，一般是对本书的编纂目的、编纂过程和重要问题处理的简要说明。它不是志书必有的内容，可根据需要而取舍。

志

志即记述，是志书的主体部分，是按编、章、节、目系统组织排列资料而形成的能够反映志书主题的内容，是对一定区域（或行业、事业）发展历史与现状的记述。区域志的记述贵全，专业志的记述贵专。

传

传即人物传记。记述的对象是对本地发展有较大影响的人物，一般以本籍（出生地或户口为本地）人物为主，客籍人物（本区域外的人士，包括外国侨民、外国华裔）对本地发展有较大影响的也应收录记述。人物传记要坚持“生不立传”和“述而不论”的原则，只记人物的经历和业绩，不进行评论。在世人物在志书断限内有突出业绩或重大影响的，可采取“以事系人”的方式，在相关志、记中加以记述。

图

图主要指志书中使用的地图、示意图、插图、照片。

地图包括行政区划图、地形图、交通图、气象图、地质图等。地图有很强的专业性，应首先考虑选择测绘部门绘制的专业地图。如果需要重新绘制，应由具有专业技术的部门按照国家的有关规定承担绘制任务。新地图绘制要规范、清晰、精细、比例适当，重要地理信息数据要采用测绘部门公布的法定数据。

地图的选择应根据志书内容的安排与需要来确定。综合志重点选择具有全局性、宏观性的地图，以反映地域各方面情况概貌；专志重点选择业务图，以突出专业特点。志书选择什么地图，在篇目制定之际就应该定出具体的计划，要有典型性、代表性，同正文内容相适应。使用地图时布局要合理，要注意不同时期的对比。根据需要还可以编制建置沿革图、地质图、地貌图、气候图、水文图、土壤图、植被图、人口图、土地利用图、经济地图、农业地图、工业地图、交通运输图、服务设施图及旅游地图等。地图与志书的文字要协调，数量的多少要考虑全书的规模与结构，忌贪多求全，粗制滥造。

示意图与插图。志书编纂可根据内容需要，在相关章节增设一定量的示意图与插图，用以标示自然、经济、政治、文化、社会等方面的具体发展与变化。示意图与插图要注意形式与风格的多样化，构图应简洁活泼，清晰自然。示意图与插图绘制简便，比文字更直观、更明了，能收到较好的阅读效果，与文字相互搭配、参照，能活跃志书版面。

志书中的照片可分为文前照片和文中随文照片两部分。照片的选录要以工作场景照片和实物资料照片为主，要消除广告色彩，不选人物标准像。照片说明文字要包括时间、地点、事件及相关人物。若是实物资料照片，要说明物体的名称和相关信息。

文前照片的选择：一是应制定照片的收录范围，收录的照片既要符合志书的要求，又要符合出版社对图片内容的有关规定；二是要按照篇目的主题选择照片，每个主题要照顾到不同时期照片的合理搭配；三是各部分照片的选择要相互协调，应按编或章的主题设定相应的主题，内容健康，构图合理，文字说明准确；四是除历史老照片外，所有照片都应保证出版对清晰度、亮度、色彩的要求。

随文照片要依据内容需要而设定，照片要与文字内容相一致，位置尽量做到与相关的文字内容在同一页码。不能有与文字内容无关联的照片。随文照片不宜过多过滥。

表

表是指志书中所使用的各种表格。

表主要有两大类：文字表和数字表。文字表是把对某事物各子项的记述用表格的形式集中在一起，通过各子项综合反映事物整体；数字表是以表格形式把有关数字按一定的顺序罗列出来，通过数字的变化反映事物的发展变化与现状。数字表有统计表和一览表两大类，统计表是对事物发展的数字统合分析，一览表是对事物发展的数字概览。表可以起到文省事繁、举凡撮要、一览了如的效果。表的内容要素应齐全，包括表题、表序、表头、项目等。表格填写要准确，项目要齐全。表是文字记述的一种补充或辅助形式，不能完全替代文字记述，列表前应先对事物进行简要记述，然后再通过列表，反映出事物的各个子项和整体情况。文字记述与表要相辅相成，表的内容不能是文字记述的简单重复。数字表后最好有对表的文字分析，特别是数字间的对比，这样不但可使表与文字互补而相得益彰，而且更有说服力，能给人留下深刻的印象。表格的选择要有代表性、典型性与连续性，各个重要时期的数字表应齐全，数字要源于权威部门或专业部门对外公开的数据，没有把握的数字、不实的数字坚决不能用。

录

录有题名录、附录之别。题名录主要用于人物记述，附录则是将一些不能入正文而又有特殊价值的资料附于书后或相关章节之后加以保存。

书后附录所收录的文献资料一般与正文没有直接联系，只作为正文的参考。书后附录要选择能够反映区域或行业特点、比较重要、比较关键、有代表性、能对正文起到很好的补充参考作用的文献。新编地方志的附录多为国家、地方发布的重要法令或文件，这些重要文献在正文中只能摘其要点记述，不能全文记述，因此将其全文附录于文后，便于读者读志用志时有所参考。

章节后的附录所收录的资料，有些是与正文极为密切，但因其过长不宜在正文中直接记述，用附录的方式收录后作为正文的一种补充；有些是某一特殊或相当重要的历史事件，或因散于文中难见全貌，或因正文文字限制不能详加记述，放于附录后有助于读者了解事件的全貌。

附录不宜太多太滥，特别是章节后的附录，更不宜太多。

补

补即增补，用于续志。一是补充前志遗漏的内容，二是依时代变化需要对前志内容做一定的增补。补应置于书后。

考

考即考证、考订，主要是对某一事件、事物、人物事迹等问题进行考证或考订，正错纠谬，还原事物的本来面目。

索引

索引是便于读者从书中快速查找所需内容的一种检索工具，多以主题词、人名、地名或其他事物名称与书籍页码组成，按照第一个字的拼音或笔画排列，附于书后。索引编纂须在全书正文完成之后进行，要在正文中抽取主题词（包括名词词组、专业术语等）、人名、地名等，每一个主题词、人名、地名对应一个或若干页码。

志书的编写原则

志书编写必须遵从以下的原则：

“指导思想正确”原则

一要坚持以马克思列宁主义、毛泽东思想、邓小平理论、“三个代表”重要思想、科学发展观和习近平新时代中国特色社会主义思想为指导，运用辩证唯物主义和历史唯物主义的观点、方法，把握重大事件，鉴别历史资料，科学编纂社会主义新方志。二要遵循实事求是的思想路线，充分反映区域（或行业）内改革开放和经济建设的巨大成就，客观记述经济和社会转型时期出现的新情况、新问题，以史为鉴，资政育人。三要树立精品意识，坚持质量第一的原则。

“横分门类、纵向记述”原则

一要按照“事以类从、类为一志”的原则，对所记述的全部内容进行不同层次的科学分类，不能不分类或随意分类，导致结构层次混乱，让人摸不着头脑。二要以时间为序，按起始、发展、现状三要素对所记内容进行纵向记述，不得插叙或倒叙。

“横不缺项、纵不断线”原则

地方志为“一方之全书”，又是“一方之全史”。横向看，要反映出一方之全貌；纵向看，要反映出断限内一事物的兴衰起伏和历史发展脉络。因此，缺项与断线都会影响志书的质量，必须加以克服。

“越境不书、通典不录”原则

地方志为“一方之志”，即某一区域的志书，因此必须做到“越境不书、通典不录”。

所谓“越境不书”，是指要遵守疆界，只记述本区域内的事情，超出本辖区且与本辖区没有关联或关联不大的事情坚决不能记载；若是行业志、部门志，超出本行业、本部门的辖属、职权范围的不能记载。《环翠区志》在第十一编中对威海机场和航空线路的记述是典型的“越境而书”，大家都知道，威海机场在文登区，不在环翠区境内。对本地在区域外的其他地方开展的工作、活动的记述不属“越境而书”，如本地在外地设立办事处开展横向联合工作情况、本地在外地设立经济园区经商办企业的情况、本地参与国外竞争或收购的情况等。对这类事情的记述，要立足本身，从自身的角度记述，只记与己有关的。

所谓“通典不录”，是指不收录超出本地域界限的全国或上级行政区域通行的典章制度、文件规定、事件等。如，某新编县志在“货币·流通币种”中记述：“解放后，中国人民银行发行统一使用的人民币，面额有1元、5元、10元、20元……1万元、5万元等共12种……1987年，发行面额为1角、2角、5角、1元、2元…… 9种新版人民币……”再如，某村志在“计划生育”一节中记述：“自鸦片战争起，中国经历了一百多年的战乱，造成大量伤亡，仅抗日战争就伤亡三千五百多万人，人口发展……1973年12月，国务院计划生育领导小组办公室召开全国第一次计划生育工作汇报会，会上提出……从此，计划生育成为我国的基本国策……1973 年开始实行‘一对夫妻只生两个孩子’的政策……1979 年 5 月后实行‘一对夫妇只生一个孩子’的政策……”上述两例分别记述的是中国人民银行发行人民币和国家实行计划生育的事，是典型的“通典照录”，这种现象必须杜绝。民国方志学家王葆心对“通典不录”有过精辟阐述：“方志界说者，以志为地方而作，凡所收载，必其人其事与地方近接而后可附入地志中。”“故方志中，凡涉正典及实业，必其为本地所独有专擅方可收入，若为他方所共有、四国所通行，则通志可不必收。”（《重修湖北通志条议》）

“通典不录”并非绝对的不录，只是不原典照录。某些事件或事物如果不记述背景和上级的有关规定，便会导致该事件或事物的发生和演变失去必要的政策和思想依据，则需要将有关通典融入事件或事物的记述中，使读者对该事件或事物有完整地了解。怎样使用通典才不违背“通典不录”呢？以上述所举的两个例子为例，如果分别改写为“解放后，该县开始统一使用中国人民银行发行的人民币，面额有 1 元、5 元、10 元、20 元……1 万元、5 万元等 12 种……1987 年，开始使用新版人民币，面额有 1 角、2 角、5 角、1 元、2 元……9 种”“1973 年开始落实上级‘一对夫妻只生两个孩子’的政策……1979 年 5 月，贯彻上级计划生育政策，一对夫妇只生一个孩子……”这样从本地域的角度加以记述，就不属于“通典照录”了。另外像《环翠区志》第一编第四章第二节“张村镇及村庄”后“附录”的省政府关于建立省级旅游度假区的批复，因是专为在张村镇建立省级旅游度假区而作，虽原文照录，也不属于“通典照录”。

“述而不论、寓论于述”原则

志书的资料性、真实性和著述性决定了志书记述必须客观，要忠于事实，不加评论，不做褒贬，寓观点于资料记述中，用翔实的资料说话，用反映客观事物发展规律的资料体现正确的观点。

有的编辑可能是平时发议论习惯了，似乎不发表一下自己的看法就不自在，或是在记述前、后来上一大段的议论，或是在记述中情不自禁地来上几句议论，如某村志初稿中记述某农户建房之事时写到“有一天需要往家拉石头……弟兄们找来辆旧大车，驾辕的驾辕，抱杆的抱杆，拉绳的拉绳……硬是凭人力把石头从 2 公里外的采石场给运回来。真实人心齐，泰山移！”这种现象在编写志书初稿时经常出现。在此强调一下，不管是有意而为还是情不自禁，都必须坚决去除；编纂人物志时更不允许出现这种现象。

如果记述时确有必要作一下评价，也要“寓论于述”。

“述而不论、寓论于述”的原则主要是针对志书主体部分的“记”“志”“传”，概述中可以进行评论，但评论要适当，不宜过多或妄加评论。

“生不立传、以事系人”原则

志书对人物的记述必须坚持“生不立传”的原则，这是因为在世人物还在发生变化，难以全面准确地记述其一生的立身行事。对于在世人物的事迹和业绩，要按“以事系人”

的原则，在对某事物、事件的记述中提及其言行举止和作用即可。二轮修志中有些志书采用“人物简记”的方式对在世人物加以记述，虽值得借鉴，但从严格意义上讲，属违背“生不立传”原则的做法，因此要慎重对待。

“突出特色、彰显特点”原则

地方志的特色包括时代特色、地方特色和专业特色三个方面。

地方志是时代产物，具有强烈的时代感，时代性是地方志的重要特征。不同时期编修的地方志体现着各自的时代气息。改革开放是二轮修志时代特色的总体要求。

地方志要保持旺盛的生命力，成为一地最有历史价值的地情资料书，必须具有鲜明的地方特色。我国幅员辽阔，地区差异大，编写地方志时，既要注意挖掘本地事物及其发展规律与外地的不同之处，对本地特有、特多、特好的事物予以浓墨重彩的记述，以突出地方整体特色；又要注意挖掘本地某事物、事件在发展过程中导致结果与外地同类事物、事件不同的关键细节，予以详细记述，以突出本地的局部特色。反映地方特色的方法一般有以下几种：单独立志，对特色尤其突出的单独设立编、章、节、目予以重点记述；提级升格，对具有地方特色的内容，由目升节、节升章、章升编；优先排列，把能反映地方特色的编、章、节、目优先排列在其他编、章、节、目前面；浓墨重彩，详细记述反映地方特色的事物、事件。

专业特色也称行业特色，可从两方面来理解：一是指本地独有的行业或与外地相比占有一定优势的行业，反映这类行业特色的方法可以参照上述反映地方特色的方法；二是指本地各行业相比较特点突出的行业，反映这类行业特色的方法可采用浓墨重彩法，也可以采用“详独略同法”，对有特点的详记，对共性的简记或不记。

志书的篇目设计

篇目的重要性

篇目是整部志书的设计蓝图，如同一次重大战役的作战计划、一项建筑工程的设计方案。民国时期方志学家李泰棻在《方志学》中说："纂志之道固多，而门目标题，则为首要。"可见篇目在整个修志过程中的重要作用。

首先，篇目是搜集资料的向导。资料是修志的基础，篇目对资料搜集和整理工作具有指导作用。有了科学合理的篇目，便可全面、系统、定向地搜集资料，该详则详，当略则略，主次分明，轻重得当，缓急适度。可根据篇目的要求，对资料进行分类、整理、考证、取舍，使浩繁杂芜的资料条理化、规范化。

其次，篇目是志书编写的依据。有了科学合理的篇目，编辑可以在篇目的指导下，按照篇目的要求，将各种资料有主次、有详略、有类别、有次序的撰写成志稿，编纂成志书。

再次，篇目也是分工编写的依据。由于现在社会事务庞杂，分工细致，编纂新方志犹如大兵团战，需要多个部门、数十（甚至成百上千）名人员分工协同进行，有了科学合理的篇目，这些部门、单位、编辑、供稿人员才能根据各自所处的位置和篇目的要求，分工合理、目标明确、有条不紊地进行资料搜集整理、志稿撰写。

篇目设计的依据

旧时修志时，篇目设置大都是按事物的性质分类，分为诸如沿革、疆域、风俗、物产、人物等。首轮社会主义新方志的分类方法很多，应用最多的有两种，一种是按部门隶属关系（组织机构）分类，一种是按事物性质分类。二轮修志考虑到志书结构的科学性和便于更清楚地反映当地各类事物的全貌，一般应以事物性质分类，这就要求对部门管辖的事物按性质分类，处理好交叉重复的问题；同时，考虑到志书编写的可操作性，又要兼顾事物的社会分工，因此，二轮修志在篇目设置上应采用科学分类（按事物性质分类）与社会分工（部门隶属关系）相结合的方法。

志书篇目要全面反映一地的地情，篇目设计应在对地情有了较为全面的了解后进行，以免顾此失彼、挂一漏万。篇目设计时，要站在全域和整体的高度，以免主次颠倒、次序混乱。

志书篇目是逐步完善定型的，一般要经过以下四个阶段：

一、搜集资料阶段的篇目。这时的篇目带有一定的设想成分，可作为搜集资料的向导和分工编写的依据。篇目设计前要学习方志理论知识，借鉴已有志书的经验和成果，要与那些对本地域、本行业、本部门发展历史了解较为全面的领导、知情人和史志专业人员共同完成，尽量减少遗漏和错误。

二、编写初稿阶段的篇目。根据收集到的资料对篇目进行修订，用于指导初稿的编写。

三、评审阶段的篇目。根据评审人员对初稿篇目的评审意见，对篇目进行适当修改和调整，用于指导送审稿的修改与补充。

四、定稿阶段的篇目。经过各阶段、各环节的调整、修订，最终完善确定的篇目，即志书出版后的目录。

篇目设计应注意的几个问题

一要坚持门类划分同一性原则。同一层级的分类只能按一个标准划分，不能交叉重复，避免造成结构层次上的杂乱。如“人”按不同的标准可划分为老年人、中年人、青年人、男人、女人……如果把这些不同标准划分出的类项交叉排列在一起，就使结构层次不伦不类、杂乱无章。

二要把握横分的限度。横分门类，简单地说：就是对一事物按层级标准进行依次向下逐级分类，设为章、节、目。如：自然环境可以向下分为地质、地貌、土壤、植被、气候、自然资源等，其中自然资源可以向下分为土地资源、水资源、矿产资源、生物资源，矿产资源可向下分为金属矿产资源、非金属矿产资源，金属矿产资源又可向下分为金、银、铜、铁等资源；如果把自然环境设为编，地质、地貌、自然资源等就分别为自然环境编下的章，土地资源、水资源、矿产资源等就分别为自然资源章下的节，金属矿产资源、非金属矿产资源就分别为矿产资源节下的目，金、银、铜、铁等就分别为金属矿产资源目下的次级目（子目），以此类推。有人曾提出横分“要分到不能再横分为止”，按这种观点，上述例子中的金矿资源再向下分为岩金、砂金等，设为金矿资源这一次级目的次级目，不仅使志书的层次过多，而且影响对金矿资源的整体记述。因此，篇目设计时要考虑到志书结构层次和事物本身的完整性，把握横分的限度，将事物横分至既不影响对具体事物（或事物的具体方面）的完整记述，又使志书层级不超过五层（即编、章、节、目、次级目）即可。当同层级的各类目内容出现交叉重复，或分类标准不同一时，就可能是横分过头了。在志书的结构层级中，编、章、节为分类层，目为记述层，有的志书节下无目，甚至章下无节，直接在章、节中记述，则要考虑可能是横分不到位，或者分类标准选择不当的问题了。

横分类目涉及逻辑学的概念知识，修志工作者掌握了概念的全同关系（土豆、马铃薯）、真包含于关系（诗歌、文学）、真包含关系（文学、诗歌）、交叉关系（党员、干部）、全异关系（男人、女人）等逻辑知识，有助于篇目设计科学合理。

三是类目领属要恰当。横分类目必须做到归类得体、层层相辖、领属恰当。在横分门类时，要考虑到每个层级的各个类目的内涵和外延，不是同类性质的事物，不能并列在一起，不同层级的类目，不能并列在一起。

四是层级确定要适度。镇志篇目可参照区县志设编、章、节、目层级，村志因部分门类内容较少，可不设编的层级，只设章、节、目层级。

五是排序要合理。篇目排序的原则有四条：科学性原则、先统后分原则、先主后次原则、以时为序原则。

志书篇目的整体顺序一般按建置区划、自然地理、经济、政治、人文、人物的次序排列。

志书资料的征集与考证

资料是志书编修的基础。俗话说，巧妇难为无米之炊，修志如果没有大量的、全面的、系统的、可靠的、翔实的资料，就不能编修出高质量的志书。志书的资料工作包括搜集、考证和整理三个方面。

资料的搜集范围

充分占有资料是编写好志稿的前提。要做好这项工作，首先必须了解资料的范围、内容、存在形式和搜集方法。

搜集资料的范围包括区域性和时间性两个方面。在区域范围方面，要广征博采能反映本区域、本行业、本部门全貌和特点的资料；在时间范围方面，既要搜集本部志书时间断限内的资料，又要考虑到保持事物的完整性，对部分资料进行适当上溯或下延性搜集。

资料的存在形式

资料的存在形式一般可分为三种：即文字资料、实物资料、口碑资料。三种不同形式的资料各有自己的特点和价值，可以相互印证、补充，都是修志不可或缺的资料来源，应尽量加以搜集。

文字资料是最主要的资料。它包括档案资料、统计资料、报刊资料、调查资料、书籍、文献、谱牒（家谱、族谱、宗谱）和其他文字资料。从档案中搜集资料，一般应着重从各个历史时期、各个方面的工作总结、专题总结中选取具有历史意义或时代意义的事件和工作中突出的成就、大事。重要事件的经过要详细摘录；工作计划、部署作为寻找资料的线索要注意收集；各个部门、单位及其下属单位的书面报告、专题资料和上级机关的文件中一些有意义或能说明问题的资料也要收集；反映现实成就和经验教训的重要资料要收细收全。

统计资料是志书编写的重要资料之一，许多问题的记述、证明、分析、比较都必须以准确的统计资料为依据。在文字记述中辅以必要的统计表格、数字、图示，能使表述更充分、简洁明了。

实物资料包括遗址（遗迹）、文物资料、图片（照片）、图纸、录像、碑刻等。新方志的一个重要特点是图片（照片）、表格量大，图片虽然不是原始实物本身，但是是实物形象的直接再现，具有实物的某些属性，能够直接、客观地反映事物的面貌和场景，具有文字资料、口碑资料难以表达的特殊效果。如名胜古迹、奇珍异物、土特产品等，仅靠文字表述，读者可能不易想象出其形态状貌，若辅以图片（照片），则能给人形象直观的感觉，效果更佳。收集实物资料可以通过征集、购置、拍照、录像等途径或方式进行。

口碑资料俗称活资料，包括知情者的谈话录音、未公开的个人回忆录、民间传说和逸闻逸事等。口碑资料在修志中具有突出价值，有补史之缺、参史之错的作用，要注意搜集。

收集资料的一般方法

首先，要紧紧围绕预先设计的基本篇目制定出详细的搜集提纲，按照提纲有计划、有目的、有步骤地进行。按基本篇目制定搜集提纲是资料搜集的一个重要环节，按照搜集提纲有计划、有目的、有步骤地搜集相关资料，可以少走弯路、事半功倍，反之，可能事倍功半、费时费力。在资料搜集过程中，如果意外发现基本篇目中没有涉及的重要资料，也要充分收集，以便下一步对基本篇目进行检验、补充、修订。

其次，在搜集资料的过程中，要合理安排搜集的方式和顺序。搜集资料的方式有两种：编写组成员（编辑）亲自搜集和发动群众（供稿员）分头搜集。在具体搜集过程中，可根据具体情况，单独采用某一种，也可将二者结合起来同时进行。搜集资料的顺序一般本着下列原则：先普查后细查、先易后难、先内后外、先急后缓。对口碑资料或即将销毁的资料要抢救性搜集。

第三，收集资料要做到广收博采，宁滥勿缺，与修志有关的资料要尽量收集。

第四，村志资料收集要注意做好两项工作；一是征集前对需要村民提供的资料内容、格式的设计，二是收集时让村民对资料的签字确认。由于村民的文化程度相对不高、对志书资料的要求了解不透彻，撰写资料稿有一定的困难，编辑事先针对需征集的资料设计好撰写格式、填写表格等，让村民以填空、填表的方式提供资料，就相对容易些。让村民对所提供的资料签字确认，既能明确资料的来源，以便以后考证，又能避免引起一些不必要的矛盾。

资料的考证

收集到的资料由于来源广、杂或历史久远等原因，可能掺杂一些错误或虚假的资料，如捏造的历史、穿凿的假象、讹传的传说、误考的事物、错记的回忆等。为了保证资料的真实可靠，必须对资料进行“由此及彼、由表及里、去粗取精、去伪存真”的客观细致考证，特别是那些涉及基本史实、人名、地名、年代、数据、引文等，切不可主观臆测。

考证资料的基本方法有书证、物证、人证、理证等。书证法是把与待证资料有关联的各种文字记录进行比较对照，求得最准确或最接近的说法和解释。物证法是以实物验证、订正待证资料，用物证法考证过的资料一般比较可靠。人证法是用活资料验证待证资料，使用人证法时，一要注意活资料的可信程度，二要注意不能轻易地用活资料否定文献资料。理证法是运用逻辑推理来验证待证资料。

资料长编

资料长编是在编写初稿之前，对收集上来的分散资料按照篇目要求，进行鉴别、筛选、分类、编号、整理、排比，形成系统的资料。资料长编分汇集型和编辑型两种。汇集型是全录资料原文，按照篇目要求把分散的资料进行分类、编号、排序后汇集在一起，其特点是保持了资料的原始性。编辑型是在汇集型的基础上，对资料进行提炼概括，用编者的语言对资料进行整理性再记录，其特点是简洁精练、主次分明。

资料长编的过程是编者由拥有资料到占有资料的过程。资料收集上来后，编者如果不对其进行系统的整理、分析，没有充分了解和掌握各种资料间的内在联系，只能算是拥有了资料。而通过资料长编，对各种资料有了了然于心的充分理解和把握，明白各种资料的关键节点、主次等，才算占有了资料。只有充分占有了资料，编者才能得心应手地驾驭资料，才能编写出高质量的志稿。

资料长编录用的资料大致可分为三类：入志资料、背景资料、参考资料。入志资料是在大量原始资料经过分析、筛选、考证后，去伪存真、去粗取精挑选出来的资料，这些资料属于篇目范围内、准备入志或可以提炼入志的，与人、事、物、主题有比较直接的关系。背景资料是指不单独入志，与主题有间接联系的时代背景、重大政策方针文件等资料，这些资料有助于说明入志资料。参考资料是指经过筛选，与主题虽然没有直接关系，但有一定参考价值的其他资料。背景资料和参考资料有的只要编出目录索引即可，不必都照抄原文；有的只需在某些考证过程中加以较为详细说明即可。原始资料中对某一问题、某一事物或事件有多种说法的，如果经过考证后确定在志书中取其一种说法，必须在资料长编中详细列出各种说法及考证依据，经考证后仍无法确定的，需在资料长编中详列出各种说法，在志书中以多说并存的方式使用。

编者在资料长编中对原文不加更改，并不是说资料长编中不要编者的语言。对于原文中那些含义不清，时间、地点、称谓等模糊或明显错误的，编者要根据考证结果，以旁注或页下注的方式加以必要的说明。

资料长编的编排顺序可以按时间排列成编年体，按事件排列成纪事本末体，也可按篇目排列成编目体。

志书初稿的编写

写好条目是做好志书初稿编写的基础。条目要以事物的发展顺序将事物的发端、沿革和现状进行竖写（即纵述）。竖写一般以志书的上限为起点，按照事物发展的本来面目和形态，以时为序，动态地记述起始、发展、变化、转折，记兴衰起伏，记特点特色，直至志书的下限或事物的终端。条目竖写应达到的目标是：记清事物兴衰起伏的脉络和事物发展变化的轨迹，再现事物在各个转折时段的基本轮廓，展现出事物自身发展的规律。竖写的基本方法有依时记述法、纪事本末法、多角度记述法、典型排述法、综合记述法、点面结合法、逐项记述法等。竖写的辅助手法有背景铺垫法、纵横对比法、图表配合法等。

依时记述法

按时间顺序记述事物的发端、沿革和现状。发端是指在本区域内的起始，不必从全国、全省写起，否则，容易导致越境而书。发端的时间属必记项目，要下功夫考证清楚，记准确。凡是能记清具体年份的就不能用诸如新中国成立初期、20 世纪初、× 世纪 × 年代等模糊时间。沿革包括事物的发展、变化、兴衰、起伏、转折等，应视每种事物的具体情况确定几个阶段记述。经济方面的事物可按国民经济发展五年计划分段记述；发展变化与历史分期没有关系的事物可根据事物自身的特点，找出发展变化的规律，从发展顺序、挫折、转折等方面分阶段记述，这种分段要注重选用开创性、标志性的材料反映。现状是指下限年份的情况，应记得详细些。

依时记述要避免逐年排列资料。因为不对资料进行综合、分析和提炼，只是简单地罗列，是资料汇编，不是著述，不符合志书的写法。罗列资料，不仅拉长了篇幅，而且不能反映出事物的发展规律。如果有的事物历年或部分年份的统计数字很有保存价值，可在对该事物进行文字记述后列表记载。

依时记述的写法必须把握好以下几个方面：

开门见山，追溯事物的源头。所谓的源头，就是事物的起始、发端。任何事物的产生都有其原因和背景，无论记述何种事物，都必须把源头记述清楚，没有源头，就交代不了事物的起因，交代不了事物发生发展的背景。因此，竖写一着笔，就要开门见山，直接从源头开始，记述事物发生的缘由，讲清事物产生的背景。从以往的一些志稿看，有的缺少源头，有的虽对源头作了交代，但只用一两句话一笔带过，记述不清，有的则是以虚代实、不着边际，这些都不符合竖写的要求。出现这些情况，固然有缺少资料、难觅源头的原因，但并不尽然，只要肯下功夫，是能够记述清楚的。抓住源头，写好发端，是做好竖写的第一个重要环节。

抓住转折，突出事物的变化。由于事物都是不断发展变化的，而且这种发展变化往往不是直线式的，而是迂回曲折、呈波浪式前进或螺旋式上升的，有兴有衰、有升有降、有起有伏。所谓的转折，就是在事物发展过程中发生兴衰、升降、起伏变化的关键节点。任何事物在发生重大转折变化时，都有一些促其变化的重要因素在起作用，包括宏观上的时代背景，微观上的自身因素及社会、自然、政治、经济条件等。竖写过程中要抓住事物的盛衰、起伏、升降、兴亡变化的环节，详细、清楚地记述出转折变化的动因、变化后的走向和基本情况，体现出因果关系，反映出整个事物的演变过程。事物发展的功成垂败、经验教训及发展规律，正是通过对事物转折变化状况的记述反映出来的。如果不抓住转折这一环节，平均用力，平铺直叙，就会写成流水账，反映不出事物发展的规律。找准、写好转折点是竖写的难点，也是竖写成功的关键，在这方面要多下功夫，要充分占有资料，以便做出正确的判断。写好转折点，既可避免流水账式写法，将阶段性变化淹没于平铺直叙之中，又可抓住事物发展的主线，反映出事物的发展规律。写转折点虽然不逐年排列资料，但不是“断线”，事物发展的脉络要清晰连贯。

抓住现状，重点展开记述。现状是竖写的最后一个环节，对现状的记述必须详细清楚，反映出下限事物的面貌。

抓住脉络，展示事物发展的连贯性。由于事物是不断运动变化的，都有一个发生、发展、灭亡的过程，整个过程往往呈现出一定的阶段性（即相对稳定时期），因此，在竖写过程中，不能仅仅抓住事物的发端、转折、现状，还必须注意展示其发展的阶段性，记述清楚其发展阶段的状貌，特别是那些时间跨度较大的阶段，一定要认真记述，否则，事物发展的连贯性就会有所缺失。

从以往的志稿看，依时记述条目往往存在以下一些问题：有的逐年排列事实，记成了流水账；有的堆砌材料，主线不清；有的内容不全，发端、转折、现状、阶段有漏缺；有的用大量篇幅详写管理机构，大段抄录上级文件等。这些问题必须高度重视，加以避免。

纪事本末法

纪事本末法主要用于记述那些无重大转折、阶段性不明显、发展简单的事物，只要完整地记述清楚其发生、发展、现状（或结果）即可，多用于写大事记。

多角度记述法

有些事物内容丰富、涉及面广，但根据篇目设置的要求不宜再分出次一级条目，对这种条目就要多角度撰写，以自然段的方式划分不同的角度分别记述。

典型排述法

有些事物不是很复杂或时限较短，不必或无法全面系统地记述其发端、发展、现状。如那些在断限内刚发生不久、发展历程很短、尚无结果的事物。对这类事物的记述，只需要在记述清楚发端后选取几个关键时间段（年份）的典型事例排列记述、反映出事物的特点即可。

综合记述法

一些有规律、间隔一定时间就出现的事物，如每年夏季的高考、“八一”拥军活动、“两会”等。这类事物没有必要逐年记述，可采用综合记述法，将断限内该事物的基本情况进行综合，予以概括记述。采用综合记述法需要特别注意的是：不能没有针对性地泛泛记述，套话连篇，反映不出本区域此种事物的特点，要把那些有变化的新措施、新活动形式、特殊的成效或失误等记述出来。

点面结合法

“点”指的是事物中具有突出特点的典型事例，“面”指的是事物的发展概况或综合情况。“面”重在反映事物的广度，“点”重在反映事物的深度。对一些行业、事业和数量较多的事物可采用点面结合法加以记述，先概括记述该事物的综合情况，然后再选取几个具有代表性、典型性的事例进行记述。如记述工业，可以先全面记述工业的整体发展状况，然后再选取几个具有代表性或典型性的重点企业，对其发展状况进行记述。点面结合法有利于整体与局部相互印证，既有深度又有广度的反映出事物发展的全貌和特征。

逐项记述法

有些事物变化缓慢或无阶段性，难以记述其发展变化情况，如自然地理中山脉、河流、气候、土壤等，民俗中的各种风俗习惯等。记述这类事物，可按事物的特点选取若干能标示该事物特点或揭示该事物本质的分项，逐项加以记述，以反映事物的全貌。如记述自然资源，可以将其分为土地资源、水资源、矿产资源、生物资源几个分项，逐项记述每种资源的情况，从而反映出整个自然资源的状况。再如记述山脉，可以逐项记述山脉的名称、位置、走向、地势、山峰、海拔等，通过对这些项目的记述反映出整个山脉。

背景铺垫法

所谓的背景铺垫法是指在记述事物的发端、转折时，要记述出导致其发生、转折的时代背景、社会环境、主观或客观因素等，在记述事物的现状、结果时，要记述出其产生的社会效应。

纵横对比法

纵横对比法分横比和纵比。横比是指在记述过程中适当地与外地同一种事物进行横向比较，反映出本地该事物的特色或特点；纵比是指在记述过程中适度地进行前后对比，反映出事物的发展趋向。

图表配合法

图表配合法是指在文字记述时辅以一些图片（照片）、表格，使之与文字记述相辅相成、相得益彰。

志稿初审

志书初稿完成后，各分志稿主笔和主编要对志稿进行初审分纂。志稿初审的基本任务是对全部志稿审读、调整、统一、删繁、增要、纠误、校勘、锤炼、升华。具体地说，要从以下几个方面进行。

总体设计的初审

总体设计方面的初审包括框架结构的选择，篇目序列的安排，部类比重的权衡，整体规模的控制，志稿断限的把握，地方特色、时代特点、行业特点 6 个突出问题，只有处理好这些问题，才能确保志书总体设计的合理性。

这里需要特别说明的是断限问题，整部志书的断限要统一，除了在记述中为保持事物的完整性而对断限适当上溯或下延外，不能随意地突破断限。有的志书确定了断限后，在大事记和在记述与在任领导有关的事物中将断限下延至志稿完成时间，是违背志书断限原则要求的，应尽力避免。

志书体例的初审

志书体例的初审可从结构、体裁、章法三个方面入手。

结构上要横排门类得体。要对所记述的全部内容在篇目上进行不同层次的科学分类，形成编、章、节、目、子目等不同层级；不同层级类目之间的关系要符合逻辑上真包含或真包含于关系，即上一层级要真包含下一层级，下一层级要真包含于上一层级；同一层级各类目之间要前后并列、概念上呈全异的逻辑关系，且各类目概念的外延之和等于上一层级概念的外延。志书中所谓的交叉是指不同编、章、节下目及子目的记述内容交叉，如自然资源中对林地、林种、树种与林业中对林地、林种、树种记述的交叉，不是同一编、章、节、目中概念上的分类交叉，二者有严格的区别，不能混为一谈。初审中必须牢牢把握住上述要求，对篇目中出现的不合逻辑现象加以纠正。

体裁上要诸体运用得当。要审查志稿中述、记、志、传、图、表、录体裁运用的是否得当、合理。

章法上要直书其事得法。初审时要坚决剔除志稿中的议论体、说明体、文学体、总结体及大话、空话、套话等多余内容，确保志书的直书其事。

妥善处理材料的取舍

要妥善处理材料的取舍，可以从下面几个方面入手。

合理交叉，区别对待。由于方志是一地之百科全书，志书记载的事物包罗万象，加之事物有多方面的属性，按其不同的属性，可归属到不同的门类，如前面所说的林地、林种、树种，因此各分志之间内容有所交叉是必然的。要妥善处理好交叉的问题，就要本着“不能简单重复”的原则，做到以下几点：一是交叉点要一致。志书中相互交叉的内容，在时间、地点、人物、数据、情节等交叉点上，不能自相矛盾，要前后一致。二是要主从有别。要弄清相互交叉的内容在不同编、章、节、目中的地位，根据其所处的主要或从属地位，确定其记述的角度、详略和形式。三是充分运用“互见”。“互见”

即相互参见，相互交叉的内容在不同编、章、节、目中的记述角度不一、详略不同、形式有别，为达到既使志书文字简约节省，又能使读者对所记述事物有充分了解的目的，可采用互见的方法，明确提示读者可参见某某部分的相关记述。

删繁去芜，增要补略。删繁是删除志书中对一些无用材料和材料无用方面的记述；去芜是剔除志书中的无益、消极、有害的内容；增要是增加遗漏的重要资料，增加资料漏缺的要素；补略是对那些当详不详的记述加以补充。

把握重点和主线，突出亮点和特色。初审时，要从全志的高度审读志稿，审读各个部分收录、记述的资料是否重点明确、主线清晰、亮点突出、特色分明，并作出相应的调整、修改。

认真复核材料

虽然我们在资料搜集过程中和编写资料长编时已经对资料进行了考证，但为确保资料的真实性、准确性，确保志书的高质量，初审时，我们还要不厌其烦地对一些重要的资料进行再次考证、核实，以免出现错误或漏缺。

合理调整记述方式

这里所说的合理调整记述方式是指在初审中，要根据志书的需要和材料的特点，合理选择和安排好概括记述与详尽记述。

资料性是志书的最基本特点，因此资料性强、细节能反映出事物本质特性的内容或能反映地方特色、能突出地方亮点的内容都要详尽记述，而资料性一般、没有特色和亮点、只需要记述一下事物的发展变化过程的内容或需要高度概括、清晰明白地揭示出事物的发展脉络与规律的内容要概括记述。需要注意的是，详尽记述不等于不分层次、没有重点地平铺直叙，不能记成流水账；概括记述是对材料的高度精练，是对材料由感性到理性的升华，要用简洁的语言，层次清晰、逻辑严密地展示出事物的全貌和发展过程、发展规律。

详尽记述变概括记述的常用方法有六种：

一是变分述为总述，把性质相同而分为若干细项的内容合并在一起总体记述。

二是变引证为转述。志稿中常要引用一些有关的原文，如前人言论、历史事件、档案资料、历史著述等，借以证明说法的可靠性、权威性或事物记述的真实性，增强说服力。但如果这些引证过多，不仅文字量过大，有堆砌资料之嫌，而且还要陷入烦琐的考证之中。如果我们将部分不必引用原文的引证变成转述，用简约的文字转述出其精要，就能避免这些问题。

三是变泛例为精例。对志稿中为反映事物的全貌而不加选择泛泛而记的大量具体事例，本着典型性、代表性的原则，把那些非典型、与主体事物关联不大的事例去掉或者用一两句话带过，把虽有典型性、但性质和作用类同的若干事例，有选择地保留一二，去除其他。

四是变工笔为速写。把志稿中那些既影响叙事宏观性、又导致脉络不清的细节记述，变成简述概要的线条性记述。

五是变传授为点拨。有的志稿由于种种原因，出现传授知识的现象。如某志书在记述某名人给某人题赠鲁迅《无题》诗的书法作品时，用了四分之三的篇幅来附录鲁迅的《无题》诗、注释诗中的词语、解析诗意。有些专业性较强的志稿往往存在对专业术语、专业技能进行专题讲解的现象，这些都是违背志书文体要求的，初审时必须对此予以纠正。对专业性较强的事物中所包含的专业知识，要把有关的专业知识融于叙事之中，通过在记述事物的过程中适当点拨的方式介绍出来。例如，记述渔业中的鱼汛与渔场时，不能专题解释什么是鱼汛、什么是渔场，要通过对什么时间（季节）到什么海域捕捞什么鱼种的具体记述，使读者领悟出什么是鱼汛、什么是渔场。

六是变全过程为阶段。在记述事物的发展变化时，如果一味地详尽记述其所有过程，必然冗长，且脉络不清。通过分析研究，找出其阶段性，然后抓住这些阶段，去掉那些不必要的细节记述，有重点地概括记述，不仅能有主有次、层次分明、脉络清晰地反映出事物发展的过程，而且能节约大量篇幅。

上述方法颠倒过来，就是由概括记述变详尽记述的方法。需要强调的是：志书应文约事丰，概括记述变详尽记述是为了避免叙事过于简单干瘪，增补存史价值较高的资料，突出重点、亮点、特色等，不是为了增加文字量，因此，由概括记述变详尽记述时，不得添加不必要的细节记述，不能添加非典型、与主体事物关联不大的事例，不能使用科学文体传授知识。

增强志书的著述性

志书是著述性文献，著述性是决定志书质量的关键要素之一。初审时，要通过对志稿所记述的事物由此及彼、由表及里、去粗取精、去伪存真地再深刻认识、再深度记述，展示出事物深层次的内涵，提高志书的著述性。

增强著述性可以采用由表及里、多层次立体记述、纵横比较等方法进行。

由表及里法。人们对客观事物的认识分为感性认识和理性认识两个阶段，感性认识是对事物表象的感知，较肤浅，理性认识是对事物本质认识，较深刻，由感性认识到理性认识是认识上的升华。要增强对事物记述的著述性，就不能仅仅停留在对事物表象的记述上，要上升到对其内涵的深刻记述，反映出事物的本质。如记述干部的任免更迭，如果只记述干部的姓名、职务、任职时间，就只能看出谁接替谁，谁任该职务多长时间，看不出干部任免更迭的原因、趋势等深层东西，而如果在此基础上再记述出干部的年龄、文化程度、专业特长、思想品德、突出事迹等，就能反映出干部的革命化、年轻化、知识化、专业化等趋势，揭示出干部任免更迭的深层原因。

多层次立体记述法。对事物的记述若只限于事物发展变化的总体情况或表面现象一个层次、一个角度，而不记述到使其发展变化的主客观环境（或条件）、不记述到其微观表现等层次、角度。如记述巨大变化，只记述变化前后的状态，不记述变化的原因；记述重大决策，只记述作出了什么决策，不记述决策的依据和过程。这样的单层记述是肤浅没有深度的，是缺乏著述性的。若能够在对事物进行深刻剖析的基础上，进行多层次、多角度的记述，就会大大增强记述的著述性。如记述案件的侦查、审理、判处，既记述诸年的综合数字，又记述案件的行业特点、区域特点、时间特点，案犯的年龄结构、文化结构、职业结构及性别结构，不仅能立体化地充分反映出案件的变化情况，而且能更好地为治安决策和治理提供重要的历史资料和依据。

纵横比较法。纵向比较是对事物的不同发展阶段进行比较，可以使读者从中进一步了解事物的发展特点和走向，从中接受经验教训，鉴古惠今；横向比较是与外地、其他行业的同种事物或与其他事物的同种属性进行比较，可以使读者通过本地与外地、本行业与其他行业、本事物与其他事物的比较分析，找出差距，取长补短。记述中恰当地使用纵横比较法，更利于反映特色、突出亮点，更利于提高志书的资治功用。如记述民营经济时，通过对其不同发展阶段进行比较，反映出发展走向，通过与外地民营经济的比较，反映出本地的特点，通过与本地的国营经济、集体经济的比较，反映出民营经济与国营经济、集体经济的差别。

精心锤炼语言文字

“志稿不厌百遍改”，初审时要对志稿的语言文字进行精心的锤炼，做到表述严谨准确、简明精炼、连贯流畅。

要做到表述严谨准确就要做到以下几点：一是记述要言之有据，实事求是地反映事物，文实相符，不作“合理想象”；

二是不能使用有歧义或含糊不清的词语，如“还欠款……”“近年来”“基本达到”“差不多”“可能是”“名列前茅”等；三是不能使用不规范的简称、省略语；四是方言俗语、俗称首次使用时，其后必须有书面语、专业术语注释；五是不能有病句。

表述简明精炼是指叙事要简明扼要，不繁杂冗长，不拖泥带水，没有赘句、赘字，干净利落，言简意赅，文约事丰。唐代史学家刘知几主张叙事要简明，要“剪截浮词，撮其机要”。他在《史通·内篇·叙事第二十二》中写道：“又叙事之省，其流有二焉，一曰省句，二曰省字。”“《春秋经》曰：‘陨石于宋五’。夫闻之陨，视之石，数之五，加以一字太详，减其一字太略，求诸折中，简要合理，此为省字也。”胡乔木在全国地方志第一次工作会议闭幕会上指出：“所谓简明，就是指每个方面的说明要像打电报、编辞书那样地精练，要惜墨如金。”如司马迁在《史记·卫将军骠骑列传》中，写汉武帝为霍去病营造府第，让霍去病去看看是否合适。霍去病答：“匈奴未灭，无以家为也。”短短几个字就把这位大将军的爱国精神、英雄性格写得活灵活现，可谓传神之笔。又如某新编志书中写道：“1954 年 8 月 1 日，由原松江省、黑龙江省合并成的新的黑龙江省和由辽东省、辽西省合成的辽宁省成立。”只用一句话就把四省合并成两省的事简要地说清楚了。但也不能一味图简，因文害意。这个句子如果改写成“1954 年 8 月 1 日，黑龙江省和辽宁省成立”，简是简了，但没有把应该说明的问题说清楚，读者就不了解原来还存在过松江省、辽东省和辽西省，也不了解新的黑龙江省和辽宁省是由四个省分别合并而成的。志书叙事简明，除遣词造句要精练紧凑之外，要忌借题发挥、议论连篇。如某村志在记述“村庄建设”时写道：“‘居有其屋’始终是人类追求生存必不可少的最基本的物质需求之一，‘安居乐业’更是从古到今时代向往企盼和不懈追求。××村主要姓氏自天南海北、四面八方先后聚集于此，走上了漫漫的建设家园之路……”这一段宏论，拖长了内容，增大了篇幅，既不符合志书“记而不论”的原则，也不符合简明精练的要求（姑且不论其语病），应全句删除。再如某村志志稿中“1956年成立高级社后，集体在街道、河沿，利用空间，搭葡萄架，广栽葡萄，村民也在自家院里栽，村子里便到处是葡萄，街道变成了葡萄廊，河道变成了葡萄河，家家都有了葡萄架。”这段文字中的“利用空间”“便”“了”赘句、赘词，“村民也在自家院里栽”既缺少宾语，又与后面的“家家都有了葡萄架”不吻合，应该去掉赘词、赘句，把缺少的宾语补上，使整段文字变成“1956年成立高级社后，集体在街道、河沿搭葡萄架，广栽葡萄，村民也在自家院子里搭架栽葡萄，村子里到处是葡萄，街道变成葡萄廊，河道变成葡萄河，家家都有葡萄架。”志书表述一定要像鲁迅先生说的那样“竭力将可有可无的字、句、段删去，毫不可惜”。

表述连贯流畅是指文通意顺，语句连贯，不生造词语，不用晦涩艰深的词语，语言晓畅易懂。行文不畅主要有以下几种：一是用词生僻古奥，或生造词语，使本来通畅的句子令人难以通读。如把“年代久远”写成“代远年湮”。二是文白夹杂，使人读起来疙疙瘩瘩，有碍流畅。如某县记宋徽宗政和二年筑湖一事：“一改以往晴旱雨涝之状，可灌溉附近九乡之农田。”似文似白，不伦不类。三是统计数字成篇，但事物发展的过程未记叙清楚，影响文字的流畅。

规范统一行文和文风

行文和文风规范统一是志书整体性的具体体现。志书初稿由于是多个编辑分工编写完成的，受编辑的编辑风格、水平等因素影响，行文和文风会有所不同或不够规范。初审时，必须消除这些不同和不规范，使全书行文规范统一，符合同一个标准，文风朴实，风格一致。

规范统一行文和文风是一项非常细致的工作，要花费一定的时间、耐心地做好，不能借口耽误时间而有所马虎，敷衍了事。

行文规范统一包括语体统一（使用语体文、记述体）、记事人称统一、简称和省略语统一、纪年用法统一、数字用法统一、计量单位统一、标点符号统一等。

文风规范统一的要求是志稿文风朴实、风格一致。编写志书应文风实在，忌浮夸，不矫揉造作，不言过其实。志书记事要实事实说，不能说大话、空话、套话，更不能说假话。不能像某些段子所说的“会议没有不隆重的，闭幕没有不胜利的，讲话没有不重要的，鼓掌没有不热烈的……”，也不能像某县《卫生志》所写的“解放后，卫生事业不断发展，卫生技术队伍不断壮大，设备不断完善，医疗卫生技术水平不断提高”。全是些空洞无实的套话。清代方志学家章学诚说过：“与其文而失实，何如质以传真也。”有的志书写人工抗旱：“高射炮……共发射 600 余发 37 型人工降雨弹，结果：‘龙王’乖乖听了人的话，全县普降了透雨。”执笔者想用拟人和夸张的手法写得生动些，结果反而失去了真实性。这个县南北长 75 公里，东西宽 50 公里，要使全县普降透雨，当时的科技水平是达不到的。要使志稿文风一致，就要秉持“众手修志，成书一人”的观念，充分发挥主编（或主笔）“一支笔”的作用，将严谨、朴实、简练、流畅的文风贯通全志。

人物志编修应注意的问题

“古来志书半人物”，人物志是一部志书不可或缺的重要组成部分，是读者最为关心的部分之一，由于其涉及相关人物的声誉，极易诱发一些不必要的社会矛盾，因此必须高度重视，慎重对待。

人物志可分为三部分，即传记、简介和人物表。人物收录主要遵循5条原则：一是“生不立传”，凡立传者必须是过世人物。二是详今略古，以近现代人物为主。三是以本籍人物为主，客籍人物为辅。四是以正面人物为主，反面人物为辅。五是以社会影响和实际贡献为主，注意收录有突出贡献的英模人物、有较大影响的社会名人及身怀绝技的能工巧匠、民间艺人、长寿老人等。

人物传记、简介收录内容主要应包括以下几项：姓名、生卒年限、字号、别名、出身、籍贯、家庭简况、政治面貌、主要经历、主要活动和事迹、重大贡献和影响等要素。生卒年限最好写到月日。籍贯写到村，村志人物为本村人的可不写其籍贯。

简介记述在世者，收录内容比传记少。除姓名、生年、字号、别名、出身、籍贯、政治面貌、主要经历必须记述外，主要记其成就、事迹和影响。

人物志应特别注意以下几个问题。

一、入志人物要有客观、明确、统一的收录标准。收录到哪一级、哪一类，要在凡例中有明确的交代。凡是够标准的都要收录，不够标准的一个也不收录。镇、村志人物收录标准高低，应根据本镇、本村（社区）的具体情况而定。收录标准高，入志人物少，遗漏相对也少，可减少一些不必要的矛盾；收录标准低，入志人物多，表彰面广，既有利于摸清本镇、本村（社区）人物的基本状况，又可以在出书后联络感情，为以后争取一些能人为家乡多做贡献打下基础。标准确定后，村（社区）志应采用公示栏、广播电视、信函等对全体村（居）民和相关人物广而告之，要求全体村（居）民和相关人物广泛宣传、积极联系，在规定的时间内提供相关的资料，并签字留名，以备考据落实。

二、人物排序按生年排列。

三、入志人物的功过是非要写准确，要有可查的依据，贡献要记述公认的事实。传记人物除了写简历外，还要写人物的性格、处事、事迹、贡献，不能把人物传记写成人物履历或人物简历。所有人物资料来源都要存档。

四、人物表的表项要齐全。姓名、性别（男性不写，女性在其姓名后写女）、出生年月日、民族（汉族可不写，少数民族必须在其名后写明是何民族）、职务、政治面貌、主要事迹、所获荣誉等。

五、注重用具体事件中人物言行举止的细节表现人物。要通过对人物在具体事件进程中言行举止的描述，表现出人物的性格特点和贡献。

镇、村志编修应注意的其他问题

编修镇、村志需要多长时间

质量是志书的生命力，镇、村志编纂要树立质量第一的意识，编纂时间必须服从志书质量的需要，决不能本末倒置。从各地编修镇、村志的经验来看，在编纂者的编纂水平能够胜任编纂要求的前提下，要编纂出一部合乎志书质量一般要求的志书，镇志通常需要三年左右的时间，村志一般需要一年半至两年的时间。从我们环翠区的村志编修情况看，有的村由于对村志的质量与编修时间的关系认识不足，急于成书，导致志书质量达不到要求。如某个村建村已有近 400 年的历史，在编修村志时，仅找了六七位老人组成村志编写组（其中能够执笔的仅两位），在未经任何修志培训的情况下，每周周一至周六的上午聚在一起，仅凭这些老人的回忆编写村志，前后用了不足 5 个月的时间（按整天计算，实际时间不足两个月）。编写出了不足 7 万字的志稿，并很快就印刷发行（上级史志部门一再要求其延期印刷发行，对有关资料和内容进一步补充、修改，但拒不接受）。这样的志书，其质量可想而知。

因此，在编修镇、村志时，不要急于求成，要耐心细致地做好编辑人员和供稿人员培训、设计篇目、搜集和考证资料、编辑资料长编、编写初稿、初审志稿、召开评议会、送审志稿等工作，确保志书的质量。

镇、村志的断限如何确定

下限一般定在启动编纂的前一年，这样既利于下限资料的完整性和存史，又利于对资料的搜集。上限要视具体的编修情况而定，首次编修或重修，上限要从设镇（建村）时开始，设镇（建村）时间不明确的，可以不设具体的上限年份，续志的上限要紧接上部志书的下限。

村志编修公示应注意什么

村志编修是关乎全体村民"青史留名"的重要事情，应让全体村民都参与到其中，接受村民的监督，这就要求做好以下两项公示工作：一是编修前的告知公示，二是出版前的审读公示。

告知公示的内容应包含编修村志的意义和作用、编纂委员会和编辑组的组成、编修的思路和方法、人物收录标准、对各家各户和各单位的要求等。公示的方法有召开党员代表会和村民代表会、发放"致全体村民的一封信"等。从各地的经验看，用向各家各户各单位逐一发放"致全体村民的一封信"、待其研读签字后再逐一回收存档的方法最为扎实有效。

出版前的审读公示是指在志稿全部或部分完成后，留出一定的时间，接受村民的审读，待村民审读无异议后再定稿送印刷厂印刷出版。

志书对人称、人物称谓和事物名称的使用有什么要求

客观性是志书的重要特点之一，因此编修者必须站在第三者的角度叙述史实。不得使用第一人称，如：不能用我镇、我村、×× 领导来威海视察，要用该镇、该村、×× 领导到威海视察。人物要直呼其名，除非是直接引用有关资料，不能在人物名称后加同志、先生等称谓和职务，如 ×× 同志、×× 先生、×× 书记、×× 主任等。

事物名称无论是全称还是简称，都要规范、恰当，不能含有感情色彩。如对“文化大革命”不能使用“十年动乱”“十年浩劫”；对“清朝”或“清代”不能使用“满清”；对“威海卫解放前（后）”应使用“1945 年 8 月 16 日威海卫解放前（后）”，不能使用“威海解放前（后）”；对“日本侵略军”可使用“日军”，不能使用“日寇”“鬼子”“日本鬼子”；对汉奸组织必须在名称前冠以“伪”字，对“四人帮”应使用“江青反革命集团”，如此等等。

志书记时应注意哪些问题

志书采用何种纪年法没有硬性规定。中国古代的志书都采用历史纪年，如干支纪年、帝号纪年、年号纪年等。由于中国是从辛亥革命后的第二年（即 1912 年）起采用公元纪年并同时采用中华民国纪年，中华人民共和国成立后采用公元纪年，因此，现代志书中，记述中华人民共和国成立后的事物均采用公元纪年，记述中华人民共和国成立前的事物通常采用历史纪年后括注公元纪年（一轮修志时很多志书为公元纪年后括注历史纪年，1986 版的《威海市志》即是），如明洪武二年（1369 年）。历史纪年的年、月、日均用汉字表示，公元纪年的世纪、年代、年、月、日均用阿拉伯数字表示。世纪、年代、年度的起止，一般用连接号中的一字线“—”表示，如“20世纪—21世纪”“20世纪70年代—80年代”“1983年—1985年”，也可以使用“至”字连接，如“20世纪至21世纪”“20世纪70年代至80年代”“1983年至1985年”。年代不能单独使用，其前必须有世纪，如“××世纪××年代”不能直接写成“××年代”。

时间表示要明确具体，禁用“今年、明年、近年、近年来、目前、现有、现任、现在、至今、50年代、70年代”等模糊性时间名词和“大跃进”时期、“文化大革命”时期等不确切的时间概念。

年份不能省写。如“1949年”不能写成“49年”，“2014年”不能写成“14年”。原文件年份使用省略年号的，如用“’87”代替1987年，如果是附录原文，要用注的形式标明全年号，否则，一律要改为全年号。

生卒年限的连接号应使用一字线“—”，不使用波纹线“～”。

记述四至、四邻应注意什么问题

记述四至、四邻的顺序没有硬性要求，建议按照习惯上的东、南、西、北的顺序记述。四至一般用“至”或“到”表示，为避免重复、单调，可间隔使用“至”和“到”，如“东至××，南到××，西至××，北到××”。记述四邻的词语有接壤、连接、相接、相连、相邻、为邻、相望等（为避免单调、重复，要注意间或使用），上级行政区域相同的一般用接壤、连接、相接、相连等，上级行政区域不同的一般用相邻、为邻等，“相望”只能用于以江、河、湖、海、道路等为界的两地之间。

志书凡例主要包括哪些内容

凡例是新编地方志必备的内容。所谓凡例，就是发凡起例。地方志的凡例是对志书的宗旨、内容、体裁、结构以及编写中一些基本问题的规定或说明。简言之，就是说明志书的宗旨、内容和编纂体例的文字。再通俗一点，就像著名语言学家王力先生所说："凡例是作者认为应该注意的地方。"志书凡例的内容主要包括以下几项：编写志书的指导思想，志书的上下限，志书的体裁、结构形式，志书计量单位的使用，志书纪年的使用，志书人物收录标准（收录标准比较繁复也可放在人物志部分说明），志书资料的来源，志书其他需要说明的问题。

志书表格有什么要求

志书中的表格一般由表题、表序、计量单位、表目、表文和表注六部分组成。

表题即表格的标题。是简明扼要地说明表格内全部资料的内容，由时间断限 + 地域（或部门）范围 + 内容范围（主题、事项）+ 表格性质组成，如"1983 年—2002 年农村各产业总产值表"。一些历年变化不大（几乎没有什么变化）的表格标题可不设时间断限，如"环翠区土壤类型一览表"。表题在表格上部居中排列。

表序即表格的顺序编号。是用一组阿拉伯数字标示表格编号的序列号，一般以编的序号为总号，然后依次是章、节、表的序号。如第二编第三章第一节的第五个表格，标示为"表

2–3–1–5”。表序的位置在表题下面一行、表格的左上角。

计量单位。表格各栏目计量单位相同的，统一标注在表题下面一行、表格的右上角，栏目内不再标注。表格中同栏目计量单位相同而各栏目不相同时，在各栏表目下方括注相应的计量单位。

表目即表格内的栏目或项目，分为横表目、纵表目。横表目又称横行标题、主词、主栏，列在表的左侧，一般用来表示表中被研究事物的总体及组成部分，是表格所要说明的对象。纵表目也叫纵行标题、宾词、宾栏，列在表的上端，一般用来说明横表目的各个统计指标的内容（指标名称和指标数值）。统计表的横表目一般为年份，纵表目为数据名称。一览表的纵表目服从于横表目，一般将表格主题内容设为横表目。

表文即表格内所要记载的内容，分为文字和数据两类，位于横表目和纵表目的交叉处，由两者内容所限定，是表格记述的主体。

表注即对表格的补充说明。表内原则上不设备注栏，表中的注释和数字的资料来源、部门、日期等，可在表下标注，以便核查。表注位置在表格的左下方。表注不是表格的必备部分，对表格无须补充说明的不设表注。

表格中出现的空白栏，可视不同情况采用不同的符号填充，使表格保持完整，避免被读者误认为是编者漏填。习惯上，对不存在的某项数据用“—”填充；对缺失的某项数据用“\”填充；对需要免填的某项数据用“×”填充。（上述处理方法须在凡例或表注中加以说明。）

表文排列要整齐美观。表内数字应居右以小数点（没有小数的以个位数）对齐。小数点后保留几位小数，全志要统一，不足者用“0”补位。表中的合计项，应放置在第一栏，直接给读者以总体印象。统计表要使用开口式，即两边去掉竖线。人名表、沿革表、官职表等可用闭口式，即保留两边竖线。表格的上、下边线较表内线要略粗。

表格设计要规范。表格一般为长方形，长宽比例要适中。分栏页面中跨文字栏的表格应左右顶抵文字的左右边界。续表应标注“续表”二字，续表在左栏或偶数页的标注在表格上方，在右栏或奇数页的标注在表格右上方。

志书照片的文字说明包括哪些项目

志书照片的文字说明主要包括对照片的内容说明、拍摄时间、拍摄者。照片的内容说明无论文字多长，中间有多少标点符号，最后都不加标点符号。照片的内容说明中涉及的人物要标注出其所在位置。

志书计量单位的使用应注意什么问题

志书中计量单位原则上采用法定的国际单位制计量单位，但为方便读者理解，可以在法定的国际单位制计量单位后括注非法定的传统计量单位，也可以在凡例中说明后直接使用非法定的传统计量单位，如：亩、斤等。行文和表格中的计量单位用汉字书写，不能使用符号，如：米、平方米、厘米，不写作 m、m²、cm；但公式中的计量单位可使用符号。计量单位名称要使用规范的全称，不能使用不规范的全称、简称，如：公分、公尺、平方、立方、方等。

志书中的标点符号和数字使用应注意什么问题

志书中的标点符号和数字使用要执行最新公布的中华人民共和国国家标准中的《标点符号用法》和《出版物上数字用法》。目前最新的标准分别是《标点符号用法》（GB / T15834—2011）和《出版物上数字用法》（GB / T15835—2011）。

第四部分　基层志凡例

威海市环翠区镇（街道）志凡例

一、坚持以马克思列宁主义、毛泽东思想、邓小平理论、“三个代表”重要思想、科学发展观、习近平新时代中国特色社会主义思想为指导，坚持辩证唯物主义和历史唯物主义的立场、观点、方法，遵循国家法律、法规，坚持“直笔著信史，彰善引风气”，努力做到思想性、资料性和科学性相统一。

二、断限。上限起自事物发端，下限为2017年（2018年后启动编纂的，下限一般定在启动编纂的前一年）。

三、记载范围。以下限年镇（街道）行政区域为记载地域范围。

四、志书采用述、记、志、传、图、表、录等体裁，以志为主。卷首设地图、照片专辑、概述、大事记，卷中按建置区划、自然环境、人口、基础设施建设、经济、政治、社会、人物等部类设置相应的专志，卷末设附录、索引和后记。全志设章、节、目3个层级，部分目下可设子目、次子目。

五、大事记。以编年体为主，结合运用纪事本末体。

六、人物。以本籍人物为主，兼收在境内生活过并有较大影响的客籍人物；酌情设人物传记、人物简介、人物表。人物传记遵循生不立传的原则，人物传记、人物简介、人物表均按生年排序。人物收录标准在人物部分予以明确说明。

七、除引用文字和附录文献资料，各志统一使用规范汉字及现代语体文记述体。记事坚持秉笔直书、述而不作，只记述事实，不作评论，寓观点于材料之中。行文力求朴实、严谨、简洁、流畅、优美，具有较强的可读性。

八、志书资料以档案、地方志、地情文献、报刊和社会调查等为主，有争议且无定论的资料，可多说并存。重要资料、引文要注明出处。

九、各类组织、机构或事物等专有名称首次出现时使用全称，有简称的括注简称，重复出现时使用简称。国家、团体、机构、职务等名称，均使用所记事件发生时的名称。今地名使用各级政府审定的标准地名。历史地名使用当时的名称，括注志书下限时名称。外国国名和常见地名、人名、党派、政府机构、报刊的译名，以新华通讯社的译名为准。新华通讯社没有译名的，首次使用译名时括注外文全称。

十、纪年。中华民国成立前使用历史纪年，并括注公元纪年。中华民国成立后使用公元纪年，中华民国成立后至中华人民共和国成立前须在公元纪年后括注民国纪年。志书中“×× 年代”，凡未加世纪者，均指20世纪的年代。

十一、入志统计数据以政府统计部门公布的数据为准。统计部门没有统计的，采用业务主管部门统计的数据。

十二、本志数字用法、标点符号、计量单位分别执行国家标准《出版物上数字用法》（GB/T 15835—2011）、《标点符号用法》（GB/T 15834—2011）、《国际单位制及其应用》（GB 3100—1993）和《有关量、单位、符号的一般原则》（GB 3101—1993）。部分传统计量单位如“亩”“公斤”等仍沿用。

十三、表格中不存在的数据用“—”标示，缺失的数据用“\”标示，免填的数据用“×”标示。

威海市环翠区村（社区）志凡例

一、坚持以马克思列宁主义、毛泽东思想、邓小平理论、“三个代表”重要思想、科学发展观、习近平新时代中国特色社会主义思想为指导，坚持辩证唯物主义和历史唯物主义的立场、观点、方法，遵循国家法律、法规，坚持“直笔著信史，彰善引风气”，努力做到思想性、资料性和科学性相统一。

二、断限。上限起自事物发端，下限为 2017 年（2018 年后启动编纂的，下限一般定在启动编纂的前一年）。

三、记载范围。以下限年村（社区）行政区域为记载地域范围。

四、志书采用述、记、志、传、图、表、录等体裁，以志为主。卷首设地图、照片专辑、概述、大事记，卷中按建置区划、自然环境、人口、基础设施建设、经济、政治、社会、人物等部类设置相应的专志，卷末设附录、索引和后记。全志设章、节、目 3 个层级，部分目下可设子目、次子目。

五、大事记。以编年体为主，结合运用纪事本末体。

六、人物。以本籍人物为主，兼收在境内生活过并有较大影响的客籍人物；酌情设人物传记、人物简介、人物表。人物传记遵循生不立传的原则，人物传记、人物简介、人物表均按生年排序。人物收录标准在人物部分予以明确说明。

七、除引用文字和附录文献资料，各志统一使用规范汉字及现代语体文记述体。记事坚持秉笔直书、述而不作，只记述事实，不作评论，寓观点于材料之中。行文力求朴实、严谨、简洁、流畅、优美，具有较强的可读性。

八、志书资料以档案、地方志、地情文献、报刊和社会调查等为主，有争议且无定论的资料，可多说并存。重要资料、引文要注明出处。

九、各类组织、机构或事物等专有名称首次出现时使用全称，有简称的括注简称，重复出现时使用简称。国家、团体、机构、职务等名称，均使用所记事件发生时的名称。今地名使用各级政府审定的标准地名。历史地名使用当时的名称，括注志书下限时名称。外国国名和常见地名、人名、党派、政府机构、报刊的译名，以新华通讯社的译名为准。新华通讯社没有译名的，首次使用译名时括注外文全称。

十、纪年。中华民国成立前使用历史纪年，并括注公元纪年。中华民国成立后使用公元纪年，中华民国成立后至中华人民共和国成立前须在公元纪年后括注民国纪年。志书中“×× 年代”，凡未加世纪者，均指 20 世纪的年代。

十一、入志统计数据以政府统计部门公布的数据为准。统计部门没有统计的，采用业务主管部门统计的数据。

十二、本志数字用法、标点符号、计量单位分别执行国家标准《出版物上数字用法》（GB/T 15835 —2011）、《标点符号用法》（GB/T 15834 —2011）、《国际单位制及其应用》（GB 3100 —1993）和《有关量、单位、符号的一般原则》

（GB 3101—1993）。部分传统计量单位如“亩”“公斤”等仍沿用。

十三、表格中不存在的数据用“—”标示，缺失的数据用“\”标示，免填的数据用“×”标示。

威海市环翠区行业（部门）志凡例

一、坚持以马克思列宁主义、毛泽东思想、邓小平理论、“三个代表”重要思想、科学发展观、习近平新时代中国特色社会主义思想为指导，坚持辩证唯物主义和历史唯物主义的立场、观点、方法，遵循国家法律、法规，坚持“直笔著信史，彰善引风气”，努力做到思想性、资料性 和科学性相统一。

二、断限。上限起自事物发端，下限为2017年（2018年后启动编纂的，下限一般定在启动编纂的前一年）。

三、记载范围。以下限年威海市环翠区本行业（部门）职能范围为记载范围。

四、志书采用述、记、志、传、图、表、录等体裁，以志为主。卷首设地图、照片专辑、概述、大事记，卷中按建置区划、自然环境、人口、基础设施建设、经济、政治、社会、人物等部类设置相应的专志，卷末设附录、索引和后记。全志设章、节、目3个层级，部分目下可设子目、次子目。

五、大事记。以编年体为主，结合运用纪事本末体。

六、人物。以威海市环翠区本行业（部门）人物为主，兼收威海市环翠区籍在本行业（部门）中有较大影响的人物；酌情设人物传记、人物简介、人物表。人物传记遵循生不立传的原则，人物传记、人物简介、人物表均按生年排序。人物收录标准在人物部分予以明确说明。

七、除引用文字和附录文献资料，各志统一使用规范汉字及现代语体文记述体。记事坚持秉笔直书、述而不作，只记述事实，不作评论，寓观点于材料之中。行文力求朴实、严谨、简洁、流畅、优美，具有较强的可读性。

八、志书资料以档案、地方志、地情文献、报刊和社会调查等为主，有争议且无定论的资料，可多说并存。重要资料、引文要注明出处。

九、各类组织、机构或事物等专有名称首次出现时使用全称，有简称的括注简称，重复出现时使用简称。国家、团体、机构、职务等名称，均使用所记事件发生时的名称。今地名使用各级政府审定的标准地名。历史地名使用当时的名称，括注志书下限时名称。外国国名和常见地名、人名、党派、政府机构、报刊的译名，以新华通讯社的译名为准。新华通讯社没有译名的，首次使用译名时括注外文全称。

十、纪年。中华民国成立前使用历史纪年，并括注公元纪年。中华民国成立后使用公元纪年，中华民国成立后至中华人民共和国成立前须在公元纪年后括注民国纪年。志书中“×× 年代”，凡未加世纪者，均指20 世纪的年代。

十一、入志统计数据以政府统计部门公布的数据为准。统计部门没有统计的，采用业务主管部门统计的数据。

十二、本志数字用法、标点符号、计量单位分别执行国家标准《出版物上数字用法》（GB/T 15835—2011）、《标点符号用法》（GB/T 15834—2011）、《国际单位制及其应用》（GB 3100—1993）和《有关量、单位、符号的一般原则》（GB

3101—1993）。部分传统计量单位如“亩”“公斤”等仍沿用。

十三、表格中不存在的数据用“—”标示，缺失的数据用“\”标示，免填的数据用“×”标示。

后 记

2015年，威海市环翠区地方史志办公室（以下简称环翠区史志办）根据省、市有关基层志编修工作的指示精神，着手进行基层志编修工作调研，筹划在全区范围内适时启动开展基层志编修工作。为此，我们深入到镇（街道）、村（社区）和部分部门，就基层志编修的意愿、面临的困难等开展了专题调研，对辖区内已出版的基层志进行专题分析研究，摸清了全区基层志编修的状况，并先后到青岛市崂山区、潍坊市临朐县、德州市齐河县、烟台市经济技术开发区等地参观学习基层志编修的先进经验。2016年11月，在大量调研和学习后，经区长办公会研究决定，由区政府办公室印发《关于做好基层志编修工作的意见》（以下简称《意见》），自2017年开始，在全区范围内开展基层志编修工作。

《意见》出台后，针对环翠区基层志编修人员不足、史志专业理论知识和编纂能力亟待提高的现状，环翠区史志办决定由具有多年史志工作经验的人员，结合史志理论和环翠区基层志的实际，以实用性为主，编写一本理论与实用相结合的基层志编修业务手册，用于指导基层志的编修。

2017年年初，《威海市环翠区基层志编修业务手册》初稿完成，邀请山东省内部分史志专家审阅后，专家们对本业务手册的质量给予充分肯定并提出中肯的修改意见和建议。此后，编写人员根据专家们的意见和建议、编修中国名村志文化工程——《陶家夼社区志》的经验，对书稿进一步修改完善，形成《威海市环翠区基层志编修业务手册》成书稿。

由于我们的水平有限，虽尽心编写，但难免错误和纰漏，敬请史志专家、志界同仁、读者批评指正。同时，对在调研和编写过程中，给予我们大力支持和帮助的上级领导、兄弟单位、史志专家表示衷心感谢。

威海市环翠区地方史志办公室

2018 年 7 月